유아 통합교육 프로그램 시리즈

유아 혼합연령 프로그램

3

이순형 · 최인화 · 권미경 · 최은정 · 김현정

학지사

머리말

서울대학교 유아교육지원실은 지난 5년 동안 많은 연구를 수행해 왔으며, 특히 서울대학교 협동과정 유아교육과와 함께 창의적 유아교육 프로그램을 구성해 현장에 보급해 왔다.

올해에는 유아의 발달을 촉진하는 유아교육 프로그램 연구활동의 일환으로 '통합'을 중요한 모토로 내세우고, 유아교육현장에서 통합을 이룰 수 있는 여러 사안을 구성해 새로운 연구 및 현장성을 고려한 프로그램을 구성하는 계획을 세웠다.

유아교육현장에서 통합이 이루어져야 하는 대상에는 이질적 언어 사용 유아의 통합, 다양한 문화 기반 유아의 통합, 고연령아와 저연령아의 통합, 여러 세대 간의 통합, 특수아동과 일반아동의 통합 등이 있다. 유아교육지원실에서는 (주)프뢰벨의 지원을 받아서 두 단계의 연구활동을 실시했다. 첫 번째로 유아의 삶과 교육현장에서 통합이 어떻게 적용될 것인가를 이론적으로 연구했다. 두 번째로 통합이 이루어져야 하는 현장에 직접 적용할 수 있는 프로그램을 창의적으로 구성했다.

첫 번째 단계 연구를 통해 유아교육현장에서 언어, 문화, 연령, 세대, 장애와 관련된 문제를 극복하기 위한 통합이 필요하다고 결론지었다. 두 번째 단계에서는 이 제안에 따라서 이중언어 통합교육 프로그램, 다문화교육 프로그램, 혼합연령 프로그램, 세대통합 프로그램, 장애통합교육 프로그램을 연구하고 일련의 통일된 양식

으로 유아교육 프로그램을 구성했다. 현장에서 실제로 이러한 교육활동의 타당성을 모색해 보고, 그 결과를 사진이나 그림으로 실어서 창의성에 현장성이 첨가되었다. 따라서 이 책에서 소개하는 통합교육 프로그램은 이론적 논의로 그치는 것이 아니라 현장성을 충족시키고 있어, 탄탄한 이론적 토대 위에 현장으로부터의 목소리가 밴, 생생하게 살아 있는 프로그램이라고 평가해도 무방할 것이다.

필자들처럼 아동의 감수성과 발달을 무엇보다 중시하면서 새롭고 창의적인 유아교육 프로그램을 고민하는 교사, 부모, 대학생 독자들에게 이 프로그램이 도움이 될 것으로 믿는다.

서울대학교 생활과학대학 유아교육지원실장 이순형

차 례

제2부 활동의 실제

차 례

제1부

유아 혼합연령 프로그램의 기초

제1장
혼합연령 프로그램의 개념 및 필요성

1. 혼합연령 프로그램의 정의 및 특성

1) 혼합연령 프로그램의 정의

혼합연령 교실이라는 개념은 유아들을 연령별로 구분하지 않는 학급구성 방식이다. 학자마다 차이가 있지만 일반적으로 가장 나이 많은 유아와 가장 어린 유아와의 연령 차이가 12개월(Katz, Evangelou & Hartman, 1990) 또는 24개월(Freedman, 1982) 이상의 혼합연령으로 구성된 학급을 의미한다. 이 혼합연령 프로그램에서는 3~5세 유아가 함께하는 학급을 혼합연령학급이라고 정의한다.

2) 혼합연령 프로그램의 특성

혼합연령 교실 안에서 유아들은 다양한 연령과의 상호작용을 통하여 손아래, 손위 지위를 모두 경험한다. 이 과정에서 나이 많은 유아와 나이 어린 유아 모두 단일연령 구성에서 얻기 힘든 여러 가지 교육적 효과를 얻을 수 있다. 혼합연령 교실을 대상으로 한 연구들은 유아의 사회성 발달(김경화 · 서영숙, 2006; 박정란, 2007; 배지희 · 황인애, 2007; 신은수, 1996; Katz et al., 1990), 인지발달(이소은 · 조재현, 2004; 정미경 · 김혜남, 2004; 하승민 · 이재연, 1996; Freedman, 1982), 언어발달(김현미, 2002; 이점숙, 1990)에서 혼합연령 구성의 긍정적 효과를 보고한다. 현장에서 유아들과 상호작용하는 교사들은 혼합연령구성이 유아의 발달 수준 차이로 인해 교사가 교육 프로그램을 운영하거나 교구물을 제시하는 데 어려움은 있지만 나이 많은 유아와 나이 어린 유아 모두에게 긍정적인 영향을 미친다고 생각한다(박정란, 2007).

(1) 혼합연령 교실의 긍정적 측면

① 유아의 사회성 발달을 촉진한다

혼합연령 교실 안에서는 연령에 의한 수직적 또는 수평적 관계가 자연스러운 조화를 이루어 유아들의 대인관계 경험의 폭이 확장된다. 유아들은 손아래와 손위 지위에 맞는 역할을 익히며, 자연스럽게 상호협력적인 관계를 형성한다. 그 과정에서 보호적 행동과 친사회적 행동, 사회적 기술 등의 사회성 발달이 증진된다. 또한 같은 연령 또래 간에는 경쟁이 감소하기도 하고 나이 많은 유아의 입장에서는 어린 유아들을 돕는 과정에서 책임감과 자신감이 증진된다. 이렇듯 사회성 발달을 돕는 혼합연령 환경은 유아의 긍정적 자아개념의 발달을 촉진한다.

② 유아의 인지발달을 돕는다

혼합연령 교실에서는 연령이 다른 유아들이 하나의 교실에서 생활하면서 연령 차이만큼 발달 수준의 차이도 크게 나타나고 또 그런 차이가 유아들에게도 자연스럽게 받아들여진다. 유아들은 발달 수준이 유사한 또래를 통해서는 경쟁적 자극을 받을 수 있다. 또한 발달 수준이 다른 경우에는 수준 높은 유아가 낮은 유아에게 학습의 모델이 되고 지식을 제공하는 기능을 한다(Katz et al., 1990). 유아 간에 나타나는 협동학습 경험은 나이 많은 유아가 나이 어린 유아의 인지발달을 더 높은 수준에 이르도록 돕는 '비계설정'의 의미를 지닌다.

③ 유아의 언어발달을 돕는다

혼합연령 교실 안에서 유아들은 의사소통기술 증진과 어휘력의 향상을 기대할 수 있다. 단일연령 구성보다 혼합연령의 경우 성인에게 의존하는 경향이 더 적고 유아 간의 상호작용이 더 빈번하다(이정숙, 2006). 혼합연령 상황에서 유아는 또래와의 언어적 상호작용의 기회뿐만 아니라 나이 많은 유아를 언어적 모델로 많이 관찰함으로써 언어적 행동을 빨리 학습하게 된다.

④ 학습경험이 실제 상황에 더 적절하게 적용된다

혼합연령 교실에서 유아들은 수직적 또는 수평적 관계가 자연스럽게 조화된 상황에서 집단의 문제해결과 의사결정을 학습하는 기회를 갖는다. 가족과 이웃같이 대부분의 사회집단은 다양한 연령이 함께한다. 유아를 둘러싼 환경은 거의 혼합연령으로 이루어져 있다. 자연스러운 사회환경이 혼합연령이므로 교실에서의 경험을 실제 사회에 적용하는 데 유리하다.

(2) 혼합연령 교실의 부정적 측면

① 잘못된 행동을 모방할 수 있다

나이 많은 유아가 나이 어린 유아에게 상호작용의 과정에서 잘못된 지식을 주거나 잘못 충고하는 경우가 있을 수 있다. 이 경우 나이 많은 유아가 나이 어린 유아에게 미치는 영향력은 상당하여 어린 유아는 잘못된 지식이나 정보에 대해 중요하고 크게 받아들이는 경향을 보인다. 반대로 나이 많은 유아가 나이 어린 유아의 덜 성숙한 행동을 따라 하는 퇴행 경향을 보이기도 한다.

② 의존성이 커지고 좌절과 열등감을 경험할 수 있다

나이 어린 유아는 자신의 입장에서 늘 배려해 주는 나이 많은 유아에게 의존성을 보일 수 있다. 지도력이 있는 나이 어린 유아도 그런 영향을 받을 수 있다. 또한 서로의 상호작용과정에서 발달 수준과 능력의 차이를 경험하면서 좌절과 열등감을 느낄 가능성도 있다(문창숙, 2002).

③ 학습능력과 학습속도의 차이로 인한 의사소통의 어려움이 있을 수 있다

나이 많은 유아의 행동과 문제해결 속도에 발달 수준이 낮은 유아와 나이 어린 유아는 언어 이해력, 말의 속도, 행동의 민첩성 등에서 차이를 보여 상대적으로 따라가지 못할 수 있다. 또한 나이 어린 유아들과 나이 많은 유아들 모두 어려움을 느낄 수도 있다.

④ 교사의 학습활동과 수업 준비가 어렵다

유아 간 나타나는 발달 수준의 차이로 교사가 학습활동과 자료를 준비하는 데 세심한 고려가 요구된다. 혼합연령 교실에서의 교사들은 유아의 능력과 관심 범위가 넓어 유아의 개별적 요구에 맞는 자료와 교육경험을 제공하는 데 어려움이 있음을 지적한다. 혼합연령 교실의 특성을 살린 교육과정 개발과 학습활동, 자료를 다양화할 필요가 있다.

⑤ 적절한 공간 구성의 제약이 있을 수 있다

연령이 다양한 유아들의 요구에 맞는 적절한 공간 구성이 필요하다. 유아의 신체 크기와 활동 범위를 고려하여 환경을 구성해야 한다.

2. 혼합연령 프로그램의 필요성

현대의 교육 현장에서 일반화된 단일연령 교실 구성은 사실 산업혁명 이후 대량생산시대의 산물로 새롭게 출현한 것이다. 과거에 유아들은 가정 내에서는 물론이고 가정 밖에서도 연령차가 나는 형제들이나 골목친구와의 상호작용을 일상적으로 경험하였다. 19세기 초에는 대부분의 보육 및 교육 기관에서도 한 교사가 다양한 연령대의 아동들을 함께 가르쳤다(백인선, 2009). 그러나 학습지도와 교육행정상의 편리함 등을 이유로 아동들을 12개월 이내의 차이가 나는 단일연령으로 학급을 편성하는 것이 일반화(김명숙, 2007)되면서 생산해 내는 제품들 간의 균일성을 강조하는 공장의 생산라인과 유사한 획일적 교육과정으로 유아들을 교육하기 시작하였다. 이러한 단일연령 집단구성은 연령에 따른 규준적 기대를 갖게 함으로써 유아가 발달 규준에 미치지 못하는 경우 교사나 부모, 유아 모두 불안감이 쉽게 커질 수 있으며, 유아의 개인차를 고려하지 않은 획일화된 교육과정이나 교육활동이 이루어질 수 있는 단점(김명숙, 2007; Katz et al., 1990)이 있다. 또한 연령에 따른 학급 분리는 유아들 간에 소외나 따돌림, 무관심, 적대감 또는 대립을 초래할 가능성이 높다.

사회의 변화와 함께 가족구조가 핵가족 형태로 변화하고 여성의 활발한 경제활동 참여로 인해 맞벌이 부모가 증가하며, 저출산 현상 등으로 인해 형제 없는 외동 자녀가 증가하면서 유아들이 사회적 상호작용을 하는 대상이 과거에 비해 훨씬 제한적이다. 이러한 유아 시기의 다양한 대인관계 경험 부족이 사회·정서적 발달에 미치는 부정적 영향에 관한 연구결과들이 보고되면서, 미국에서는 오랫동안 유아의 사회화와 교육에 공헌해 온 가족이나 이웃집단과 유사한 혼합연령 집단을 기반으로 하는 연령통합 프로그램이 대안적 교육방법으로 제시되었다. 특히 1980년대 단일연령 집단구성의 문제점과 혼합연령 집단구성의 효과에 대한 체계적인 연구가 축적되기 시작하며 혼합연령 프로그램은 보다 많은 관심을 받게 되었다(Katz et al., 1990). 현재 혼합연령 집단구성은 몬테소리 유치원(신화식, 2006), 영국의 개방교육(이기숙, 1992), 독일의 상황중심 유치원(김명환, 2005; 류지후 외, 1985), 미국의 개방교육, 프랑스와 스웨덴의 유아학교(양옥승, 1993) 등에서 볼 수 있으며, 세계 각국의 유아 보육·교육기관으로 확산되고 있다.

우리나라도 여성의 사회진출 증가, 과도한 사교육 그리고 양육부담으로 인한 저조한 출산율로 인해 보육 및 교육기관의 취원 대상 유아 수가 감소하고 이농현상으로 인한 농어촌 소규모 보육 및 교육기관의 통폐합 등으로 인해 혼합연령 교실을 운영할 수밖에 없는 현실이다. 전국 보육시설에서 전체의 7.7% 정도에 해당하는 보육

교사들이 혼합연령반을 담당(한국여성개발원, 2004)하고 있다. 유치원 종일반의 경우 혼합연령으로 구성된 경우가 79.9%로 가장 많으며(육아정책개발센터, 2008), 농어촌 공립유치원 전체의 64%가 혼합연령 교실을 운영(최영남, 2004)하고 있는데 이는 취원 대상이 점차 줄어듦에 따라 점차 증가할 가능성이 높다. 이처럼 유아 보육 및 교육 현장에서 현실적인 여건으로 인해 혼합연령 집단 구성이 늘어나고 있는데 36개월 이후의 유아를 대상으로 하는 종일반 어린이집의 경우 단일연령이나 혼합연령으로 학급을 구성하는 것은 각 기관의 고유권한(김명숙, 2007)이다. 서울시에서 2003년부터 시행하고 있는 유치원의 에듀케어 프로그램은 혼합연령 교실 구성으로 가정과 같은 유치원 운영을 특징으로 한다. 유아보육기관에서 일하는 교사의 대부분은 혼합연령 집단구성이 교육적 효과가 크고, 가족 같은 분위기를 제공하기 때문에 필요하다고 응답(이정숙, 2006)하면서도, 연령 간 발달단계의 차이로 인해 수업준비가 어렵거나 혼합연령 교실에 대한 교육과정을 훈련받지 못했기 때문에(김명숙, 2007; 박현주, 1998; 유준호, 2006; 이정숙, 2006) 혼합연령 집단구성을 꺼리거나 어려움을 겪고 있는 것으로 나타났다. 따라서 이 책에서는 유아 보육 및 교육 현장에서 혼합연령으로 학급을 구성할 때 사용할 수 있는 혼합연령 프로그램을 개발하여 제시하고자 한다.

제2장

이론적 배경 및 사례

1. 혼합연령 프로그램의 이론적 배경

유아 보육 및 교육 현장에서 혼합연령 집단의 구성은 유아 발달 및 교육과 관련된 많은 이론적 · 철학적 배경을 기반으로 하고 있다.

1) 인지발달 이론

발달 심리학자인 피아제(1896~1980)는 유아를 능동적으로 지식을 구축해 가는 주체로 인식하였다. 이때 환경은 유아가 다양한 물체와 현상을 탐색하고 조작하여 실험하는 장으로, 환경과의 상호작용을 통해 유아는 세계에 대한 지식을 발견하고 구축해 나간다. 혼합연령 교실은 지식의 능동적 구성 주체로서의 유아의 이미지를 지향하며, 유아들이 자신의 발달적 시간표에 따라 환경과 충분히 상호작용을 하고, 지식을 발견하며 구축해 나갈 수 있도록 지원한다. 혼합연령 교실의 유아들은 다양한 인적 환경과의 상호작용 기회를 통해 끊임없이 지식의 기반을 다지고, 자신의 관점을 확대해 나가며, 사회적 기술을 발달시킨다.

피아제의 인지발달 이론에 의하면, 학습은 인지적 성숙에 의한 자연스러운 결과다. 질적으로 높은 단계에 이르게 되면 질적으로 다른 사고를 하게 되고, 이것은 학습의 양과 질에도 영향을 미치게 된다. 피아제는 개별 유아의 인지발달 수준에 적합한 학습이 일어날 수 있도록 개별화된 교육과정 및 교수전략을 제공할 필요가 있다고 하였다. 혼합연령 교실은 교사와 유아 모두가 인지적 성숙의 과정과 결과를 자연스럽게 경험할 수 있는 장이다.

혼합연령 교실은 유아들이 자신의 인지발달 수준에 따라 물리적 · 사회적 환경과 상호작용할 수 있는 기회를 가질 수 있도록 구조화된다. 또한 유아의 연령보다는 현재의 인지발달 수준에 초점을 두어 학습을 지원하게 되므로 단일연령 교실보다 더 개별화된 환경을 제공한다고 볼 수 있다. 보육 및 교육 현장에서 교사들은 유아들의 개별적 요구를 충족시키기 위해 항상 교육 과정을 변형하고 수정하는 작업을 지속한다. 그러한 측면에서 발달적 요구가 상이한 유아들로 구성된 혼합연령 교실에서는 교육 과정이나 교수 전략의 개별화에 대한 요구가 더욱 강하다.

2) 사회학습 이론

사회학습 이론가인 반두라(1925~현재)는 발달을 사회적 학습의 결과물로 이해한다. 즉, 발달은 타인을 관찰하거나 모방하고, 그들과 동일시하는 과정에 의해 영향을 받는다. 유아들은 자신의 기대와 동기를 기초로 생각하고, 느끼고, 행동하며, 환경을 조직화할 필요에 의해 지각과 태도를 형성해 나간다.

또한 반두라는 학습의 인지적 측면을 개인과 환경의 지속적인 상호작용으로 설명한다. 관찰을 통해 유아들은 미래의 행동 목록에 추가할 새로운 반응들을 획득한다. 반두라는 학습의 수단으로서의 관찰이 시행착오라는 방법보다 더 효율적이며, 다른 방법으로는 쉽게 학습되지 않는 복잡한 행동들에 대한 예시를 제공해 주는 역할도 한다고 본다. 혼합연령 교실은 나이 어린 유아들이 나이 많은 유아들을 모방하고 관찰할 수 있는 다양하고 풍부한 기회를 제공한다. 혼합연령 교실의 긍정적인 사회적 효과에 관한 많은 연구들은 유아 발달에서 사회적 상호작용과 모델링의 중요성을 강조한 반두라의 이론에 기반을 두고 있으며, 실제로 사회적 기술이나 리더십, 협력 행동 등의 증진을 보고하고 있다.

3) 사회문화 이론

러시아의 심리학자인 비고츠키(1896~1934)는 인지발달 및 학습에 있어서 타인의 지도와 본보기와 같은 사회적 상호작용의 중요성을 강조한다. 그는 '근접발달지대(Zone of Proximal Development: ZPD)' 라는 개념을 통해 '독립적으로 문제를 해결할 때 나타나는 실제적 발달 수준과 성인의 지도나 보다 유능한 또래와의 협력을 통해 문제를 해결할 때 나타나는 잠재적 발달 수준 사이의 거리' 를 정의하였다. 즉, 자신보다 좀 더 유능한 또래 및 성인과의 사회적 상호작용을 통해 유아는 잠재적 발달 수준에 해당하는 거리만큼 발달의 진전을 이룰 수 있다고 본 것이다.

혼합연령 교실에서의 협력적 또래 관계는 유아의 문제 해결력을 증진하고 발달을 촉진할 수 있다. 특히 혼합연령 집단에서는 자연스럽게 구성원 간의 발달 수준의 차이가 보장되므로 문화적으로 적합한 상호작용의 방식과 문제 해결을 위한 다양한 인지적 기술들이 자연스럽게 제공된다.

4) 심리사회 이론

유아가 속한 사회적 환경의 중요성은 에릭슨(1902~1994)의 이론에서도 강조된 바 있다. 에릭슨은 그의 심리사회 이론에서 각 생애 발달 단계에서 직면하게 되는 심리사회적 발달 과업을 제시한다. 각 발달 단계의 심리사회적 위기를 성공적으로 해결하는 것은 유아가 사회와의 관계 속에서 맺게 되는 대인 관계의 질과 밀접한 연관이 있다. 영아기에서 유아기 중기에 이르는 동안 유아는 신뢰감 대 불신감, 자율성 대 수치심, 주도성 대 죄책감, 근면성 대 열등감의 위기에 직면한다. 비록 각 단계의 강조점은 서로 다르지만, 각 단계에서 나타나는 긍정적 발달과 부정적 발달의 측면은 유아가 속한 사회적 환경에 의해 영향을 받게 된다.

혼합연령 집단의 사회적 환경은 단계별 위기를 해결하는 데 긍정적인 역할을 할 수 있다. 인위적으로 구성된 동일연령 집단과 비교하여 혼합연령 집단은 연령 구성이나 발달 수준별 구성에 있어 디 자연스럽다. 혼합연령 교실에서 유아는 자신의 발달 수준에 적합한 학습 혹은 문제 해결 기회를 선택적으로 얻을 수 있고, 이를 통해 자기주도성이나 자율성, 성취감 등을 경험할 수 있다. 또한 자신보다 나이가 많은 또래의 발달 과업과 성취를 미리 관찰을 통해 경험함으로써 자연스럽게 다음 발달 과업을 수용할 수 있다. 다양한 수준의 자극에 대한 선택권이 보장되는 혼합연령 교실은, 단일연령 교실보다 유아에게 더 융통성 있는 사회적 환경이 될 수 있다.

5) 생태학적 이론

브론펜브레너(1917~2005)는 환경을 상호관련성을 가진 여러 체계가 포개어진 구조로 이해한다. 즉, 개인으로부터 가정, 사회, 세계에 이르기까지, 각 체계들이 서로 주고받는 영향력은 파문 효과를 가진다. 이러한 관점에서 발달은 각 체계들의 상호관련성의 결과다. 예를 들어, 유아 교육은 가족의 지지와 지역 사회의 조세 제도 및 국가 정책의 강조점 등에 영향을 받는다. 혼합연령 집단에 있는 개별 유아는 그 유아의 가정과 또래 관계, 지역 사회와 더 광범위한 사회 체계, 국가의 영향력하에 있다. 따라서 개별 유아가 교실 안으로 가져오는 관심과 능력, 문화적 가치와 신념 등은 독특한 것이며 다양한 세계에 대한 표상으로 이해할 수 있다. 즉, 다양한 유아 구성원으로 이루어진 혼합연령 집단은 다양한 세계의 현실을 반영한다고 볼 수 있다. 이러한 광범위한 이론적 관점은 혼합연령 집단에 대한 개념적 이해와 접근 방식에 확고한 토대를 제공한다. 교육자들은 오늘날 우리의 교실을 구성하는 유아들의 지극히 다양한 요구들을 충족할 수 있는 새로운 구조를 구축해 나갈 필요가 있다.

2. 혼합연령 프로그램 사례

앞에서 살펴본 이론적 배경을 기반으로 다음에서는 다양한 프로그램의 운영 사례를 살펴봄으로써 실제 현장에서 혼합연령 교실의 강점이 어떻게 실현되는지 알아보고자 한다.

1) 몬테소리 프로그램

몬테소리는 유아가 스스로 발달해 나갈 수 있는 잠재능력을 가진다는 교육철학을 세웠다. 몬테소리 교육관은 유아의 정신 내적 발달단계를 이끄는 민감기, 흡수정신 및 발달단계를 이해함으로써 설명될 수 있으며 이때 가장 중요시하는 요소는 교사의 역할이다. 유아는 자신이 학습의 주체가 되어 발달을 이루어 갈 수 있는 준비된 환경에서 적절한 도움을 제공하는 교사가 있을 때 최적의 발달을 이룰 수 있다. 이러한 환경에서 유아는 자신이 선택한 작업 활동에 집중함으로써 가장 큰 욕구를 만족시키며 자신의 정신세계를 완성한다. 또한 작업 과정에서 '유아와 유아 간의 상호작용' 을 통해서도 학습이 이루어진다. 이것은 또래관계를 통하여 배우는 학습 방법이다. 몬테소리는 자연적이고 자발적인 발달이 이루어지도록 학급을 2.5~6세까지의 혼합연령으로 편성하였다(신화식, 2006). 이러한 구성 안에서 자연스럽게 나이가 더 많은 유아는 더 어린 유아를 돕게 된다. 연령이 다른 유아 간에는 성인과 유아 간에서는 볼 수 없는 유형의 의사소통과 조화가 생기며, 유아는 서로 보호하고 존경하는 관계를 형성한다. 몬테소리 프로그램으로 운영되는 기관 중 일부는 교실 간에 허리 높이 정도의 교구장 등으로 구분한다.

이러한 환경은 같은 교실의 유아뿐만 아니라 다른 반 유아와의 공동체 형성에서도 긍정적인 영향을 미칠 수 있다. 이러한 환경에서 나이가 어린 유아는 자신이 성장했을 때의 모습을 생각해 볼 수 있고, 나이가 더 많은 유아는 나이가 어린 유아에 대한 책임감과 의젓함을 경험할 수 있다. 또한 발달 수준이 낮은 유아는 나이가 더 어린 유아와의 상호작용을 통해 자신의 필요를 충족시킬 수 있다.

2) 발도르프 프로그램

오스트리아의 철학자이자 과학자이며 예술가인 루돌프 슈타이너는 그의 독특한 인지학적 인간 이해에 기초하여 자유 발도르프 유치원을 설립하였다. 유아는 직접적인 감각체험을 통해 모방을 함으로써 배우게 되므로 약 7세까지 유아의 학습의 기본은 본보기와 모방이다. 이와 같은 철학을 바탕으로 슈타이너는 유아기의 교육이란 교육을 예술로 승화시키는 방법으로써 유아의 마음, 손 그리고 머리를 동시에 전인적으로 교육하는 것을 의미한다고 하였다. '물리적 육체'가 형성되는 0~7세 시기에 유아는 주로 모방과 본보기를 통하여 학습하고 감각을 통해 배우며 리듬적인 분위기 속에서 습관을 익힌다(강인구 & 최경, 2006).

이때 교사는 유아의 배우는 방식을 중시하며 유아의 상상력을 제한하지 않으려고 노력한다. 발도로프 프로그램에서는 동일 교사가 3세에서 5세까지의 유아로 구성된 혼합연령 교실을 3년간 맡게 된다. 이것은 교사로 하여금 유아에 대한 깊은 이해를 통한 교육을 가능하게 할 뿐만 아니라 유아 또한 가정과 같은 분위기에서 자연스러운 성장을 경험할 수 있게 한다. 유아는 자신의 주변 인물들과 환경을 끊임없이 모방하며 본보기 삼아 학습하기 때문에 교사들의 자기수양과 자기교육이 중요하다. 교사는 주어진 프로그램에 따라 행동하기보다는 주어진 공간 안에서 창의적이고 자유로운 행동을 한다. 유아는 그러한 모습을 통해 교사와 진정한 유대감을 형성하며 유아 자신의 능력을 자유롭게 표현할 수 있게 된다.

3) 레지오 에밀리아 프로그램

레지오 에밀리아 프로그램은 프로젝트 중심의 학습과 발현적 교육과정, 표상을 통한 다상징적 학습, 사회적 상호작용을 통한 협력학습, 기록화, 프로젝트의 부모 참여, 지역사회중심의 운영, 제3의 교육인 아름다운 물리적 환경 등을 강조한다. 레지오 에밀리아 접근법에서는 유아를 또래나 성인, 사회 · 문화적 환경과의 관계로부터 동기 유발되며 학습하는 풍부한 잠재력과 권리를 가진 주체로 본다(서영숙 · 서지영, 2003).

지역 사회는 유아 교육에 대한 공동 책임 의식을 갖는다. 이러한 사회 · 문화적 맥락 속에서 교육의 3요소인 유아, 교사, 부모 간의 협동과 사회적 관계 형성, 의사소통을 강조하는 '상호 관계를 통한 교육'의 철학을 가진다. 상호 관계를 통한 학습은 능동적 학습 과정으로 학습은 가르치는 것이 아니라 전문적 자질을 가진 문화 구성원과 유아의 학습 동기와의 호혜적 상호 관계의 결과로서 유아가 적극적으로 구축하는 것이라 믿는다. 따라서 레지오 에밀리아 프로그램의 활동은 대부분 2~5명의 소집단 형태로 이루어진다. 소집단의 혼합연령 구성은 유아 간의 긴밀한 대화뿐만 아니라 교사와 유아 간의 깊이 있는 대화도 잘 이루어지게 하며 가정과 같은 분위기를 제공한다(김은희, 2000).

4) 독일의 상황중심 유아교육

독일의 상황중심 교육은 시대적 변화와 요구에 따른 1970년대 유아교육개혁의 결과로 생겨났다. 주요 개념으로는 유아가 자기주관을 가지고 능동적으로 살아갈 수 있는 '자율성'과 유아 자신과 다른 사람, 나아가 우주의 자연과 생물과의 공동체적 '연대의식'을 지니고 그 속에서 합리적인 문제해결을 할 수 있는 '능력'을 꼽는다(윤영선, 2000).

상황중심교육은 다양한 출생 배경과 각기 다른 학습과정을 거친 유아들이 현재와 미래의 삶을 살아가는 데 필요한 요소들을 구체적으로 체험하면서 터득할 수 있도록 해 준다. 상황이란 유아가 체험하는 실제적인 생활상황이며, 교육의 질은 그러한 상황에서 필요한 행동을 습득함으로써 결정된다. 유아는 일상생활의 경험과 사회적 경험, 또래와 교사, 부모, 그 외의 다른 사람들과의 상호 교환적인 대화를 통해 학습과정을 경험하게 된다. 상황중심 교육은 다양한 배경을 가진 유아들을 대상으로 혼합연령 교실로 운영된다.

현재 독일의 유아교육기관들은 각기 독립적으로 운영되던 탁아소와 유치원을 점차적으로 하나의 시설로 통합하여 0~5세의 영·유아들을 혼합연령집단으로 구성하여 운영하는 추세이며, 유치원만 단독으로 있는 경우에는 3~5세 유아들을 혼합연령집단으로 구성하여 교육하고 있다. 더 나아가 유치원과 방과후 교육시설인 호르트(hort)를 통합하여 혼합연령집단으로 운영하거나 혹은 탁아소·유치원·호르트 연령에 해당되는(0~12세) 영·유아와 초등학교 아동까지 포함하여 확대된 혼합연령 집단구성으로 다양하게 운영하고 있다(김명환, 2005).

5) 국내 사례

혼합연령 교실을 운영하고 있는 기관은 단일연령의 학급 구성에 어려움이 있는 민간·사립 보육시설과 발도로프 유치원, 몬테소리 유치원, 에듀케어(edu-care) 프로그램을 실시하는 국공립 및 사립 유치원 등을 들 수 있다. 공동육아 협동조합은 민간 보육시설의 한 유형으로 일정 수의 가정이 한 지역 조합 단위가 되어 직접 어린이집을 설립하고 운영하는 주민 자치적인 육아 형태다. 공동육아는 바깥 놀이를 통한 자연과의 친밀함, 교사·유아·부모 간의 공동체적 유대 관계를 바탕으로 평등하고 열린 인간관계를 지향한다. 이에 따라 유아의 흥미와 생활을 기반으로 자연친화적 체험활동을 실천하고 있다. 활동은 일상생활의 경험을 확장하고 연령, 성, 장애 유무, 계층의 통합을 중시하는 방향으로 다양한 프로그램이 실시된다(김은주·권미량, 2005).

한편 기존 유치원의 반일제, 시간 연장제 또는 종일제 운영의 내실화를 기하기 위해 도입된 에듀케어 프로그램은 혼합연령 교실로 구성하여 가정과 유사한 생활 경험을 제공한다. 에듀케어 프로그램은 유아의 발달에 적합한 교육과 안정된 보육을 통합하여 유치원의 교육활동과 일반 보육활동의 분리 운영에 따른 문제점을 해소하고 교육과 보육을 통합적으로 지원하는 목표를 가진다.

서울특별시교육청에서 2003년도부터 시범적으로 에듀케어 프로그램을 실시하였으며 이후, 다른 시 · 도교육청으로도 점차 확산되어 정착단계에 이르렀다. 그러나 이에 대한 많은 연구 결과들을 살펴보면 공통적으로 혼합연령 교실에 적합한 다양한 프로그램과 교구 · 교재의 부족을 문제점으로 지적하며 교육당국의 지속적인 프로그램 및 교육자료의 개발 보급 필요성을 언급하고 있다(나세경 · 엄정애, 2003; 박정란, 2007; 이미선, 2007; 이윤정, 2006; 전기옥, 2004)

제3장

혼합연령 프로그램의 구성과 운영

이 장에서는 혼합연령 프로그램의 교육목표, 구성원리, 일과 운영 및 지도, 환경 구성, 교육활동의 운영, 교사의 역할, 교수학습방법, 부모 및 지역사회와의 협력, 평가에 대해 자세히 살펴봄으로써 혼합연령 프로그램에 대한 전반적인 이해를 높이고자 한다.

1. 교육목표

혼합연령 프로그램과 우리나라 유치원 교육과정을 비교, 설명함으로써 현대 사회에서 우리가 추구하는 교육의 목표가 무엇이며, 이것이 혼합연령 프로그램에서 어떻게 실현될 수 있는지에 대해 살펴본다.

혼합연령 프로그램에서는 무엇을 어떻게 배우느냐 하는 것도 중요하지만, 무엇보다도 배움의 과정에 초점을 맞춘다. 배움의 과정에서 유아는 자연스럽게 창의적 사고와 문제 해결력, 타인과 더불어 살아가는 것 등을 학습함으로써 궁극적으로 우리 사회가 추구하는 전인적 아동으로의 발달을 도모할 수 있다. 이와 같은 자연스러운 학습은 유아뿐만 아니라 유아의 부모에게까지 확대될 수 있다. 부모 역시 자신의 자녀 양육에 대한 경험과 정보를 공유함으로써 서로의 발달을 지원하고 발달적 이득을 공유할 수 있다. 이러한 점에서 혼합연령 프로그램은 '평생 학습자' '발달 공동체' '학습 가족'을 추구한다고 할 수 있다.

혼합연령 프로그램에서는 전인적 아동(whole child)을 위한 교육을 가장 우선적인 목표로 삼는다. 교사는 유아의 학습뿐만 아니라 사회적 · 정서적 · 신체적 목표에도 초점을 맞춰 모든 영역을 통합할 수 있도록 한다. 이것은 우리나라 제7차 유치원 교육과정에서 추구하는 전인적 성장의 기반 위에서 개성을 추구하고 기초 능력을 토대로 창의적인 능력을 발휘하는 인간상과도 일치한다. 또한 혼합연령 프로그램은 연령에 기초한 획일적 구분보다는 유아의 발달 및 흥미의 연속성을 고려하여 수준별 교육과정을 편성, 운영한다는 의미다. 제7차 유치원 교육과정에서도 연령별 구분이 아닌 교육과정의 영역별 내용에 따라 수준별 기준을 제시한다. 이는 동일 연령에서도 개개인의 발달 특성에 차이가 있음을 고려한 것으로 보인다. 따라서 유치원 교육과정에서 추구하고 달성하고자 하는 교육 목표는 단일연령보다는 발달 및 흥미의 연속성을 고려하여 통합적 발달을 추구하는 혼합연령 집단에서 보다 더 효과적으로 실현될 수 있다고 할 수 있다.

혼합연령 프로그램에서는 유아의 자기 주도적 · 자율적 발달을 도모하며 비경쟁적이고 협력적인 사회적 상호작용을 격려하고 개별 유아의 잠재력이 최대한 계발될 수 있도록 한다. 또한 혼합연령 프로그램은 열린 활동을 설계해야 한다는 목표를 가진다. 이것은 유아의 발달적 수준에 상관없이 모든 유아가 활동에 참여할 수 있음을 의미한다.

다음 〈표 3-1〉은 제7차 유치원 교육과정에 고시된 5가지 영역별(건강생활, 사회생활, 표현생활, 언어생활, 탐구생활) 교육 목표가 혼합연령 프로그램과 어떻게 연계되고 실현될 수 있는지에 초점을 맞춰 구성한 표다.

〈표 3-1〉 제7차 유치원 교육과정과 혼합연령 프로그램의 영역별 교육목표

영 역	교육목표	
	제7차 유치원 교육과정	혼합연령 프로그램
건강생활	자신의 신체를 긍정적으로 인식하고 생활에 필요한 기초 체력을 기르며, 건강하고 안전한 생활 습관을 가진다.	자신의 가치를 인정받고 활동의 자유 및 수용적인 분위기의 환경에서 심리적 안녕감을 가진다.
사회생활	자신과 다른 사람을 존중하고, 더불어 살아가는 능력을 기른다.	교실 내에서 다양한 연령의 유아가 상호작용함으로써 다양한 사회적 기술을 기른다.
표현생활	생각하고 느낀 것을 예술적으로 표현하고 감상함으로써 심미적 태도와 창의적 표현력을 기른다.	유아 스스로 생각하고 표현할 수 있는 기회를 제공함으로써 상상력과 표현력을 기른다.
언어생활	말과 글을 즐겁고 바르게 사용하기 위한 기초 능력과 태도를 기른다.	개별 유아의 언어 능력에 기초한 지도를 통해 발달 수준에 적합한 언어 능력의 발달을 추구한다.
탐구생활	자연을 존중하고, 창의적으로 탐구하며, 논리적으로 문제를 해결하기 위한 기초 소양을 기른다.	다양한 발달수준과 경험을 가진 유아가 모여 실생활의 여러 가지 상황을 교실환경에서 경험함으로써 문제해결 능력을 기른다.

2. 구성원리

혼합연령 프로그램은 대상과 목적 그리고 내용 면에서 몇 가지 특징을 가지는데, 이러한 특징으로부터 성공적인 혼합연령 교실을 구성하기 위한 원리를 살펴볼 수 있다. 혼합연령 프로그램은 아동의 학습 방법, 발달적으로 적합한 실제(DAP)에 대한 일련의 철학적 원칙을 바탕으로 구성된다. 선행연구 결과를(이순형 외, 2005; Bacharch, Hasslen, & Anderson, 1995; Stone, 1996) 중심으로 살펴본 혼합연령 교실의 구성 원리는 다음과 같다.

1) 혼합연령 교실의 유아 간의 연령차는 2세 정도가 적절하다

혼합연령 교실은 가장 나이 어린 유아와 가장 나이 많은 유아 간에 적어도 2년의 연령차가 나도록(이순형 외, 2005) 세 연령대로 구성하는 것이 일반적이다. 이는 3~4세 혹은 4~5세의 두 연령대보다는 3~5세의 세 연령대가 함께 있을 때 연령 간의 상호작용이 더 활발하게 일어나고, 교사도 세 연령대가 한 교실에 있을 때 연령별로 별도의 교과과정을 운영하려는 유혹을 덜 받기 때문이다. 혼합연령 교실을 구성할 때는 기관의 행정적 · 재정적 측면을 무시할 수는 없지만 유아의 개별적 요구를 충족시키는 것을 가장 우선적으로 고려해야 한다.

2) 혼합연령 교실은 3년 동안 동일교사 체제를 유지하는 것이 좋다.

가장 이상적인 혼합연령 교실은 3년 동안 동일교사 체제를 유지하는 것이다. 이를 통해 혼합연령 교실의 구성원들은 '가족'과 같은 공동체를 형성할 수 있는 기회를 갖게 된다.

또한 개별 유아에게는 3년 동안이라는 발달에 필요한 시간적 틀 (time frame)을 제공한다. 쓰기의 예를 들자면, 만 3세에 자기의 생각을 긁적거리기로 표현하던 유아가 만 5세가 되면서 이야기를 완전히 쓸 수 있게 되기까지 교사가 시간의 흐름에 따라 개별 유아의 쓰기발달에 진전이 이루어지도록 적절히 도울 수 있다. 유아의 자연스러운 발달속도를 존중하면서 시간의 여유를 가지고 매 해의 성장을 지원할 수 있다.

교사는 유아의 인지적 · 정서적 · 언어적 · 사회적 · 신체적 장점을 알기 때문에 최대의 지원을 제공할 수 있다. 교사는 3년 동안 유아 개개인의 발달특성과 적절한 학습 유형 그리고 효과적인 상호작용 방법을 잘 알게 되기 때문에 유아에게 확신을 가지고 다가설 수 있고, 유아도 교사의 '지도'에 보다 편안해지고, 안정감을 느끼게 된다.

3) 혼합연령 교실에서는 학습자들의 공동체인 '가족'을 형성한다

혼합연령 교실은 교사와 유아 그리고 학부모로 구성된 학습자들의 공동체, 즉 '가족'을 형성하는 것을 주된 목적으로 하여, 이 '가족'은 각 구성원들을 지원하고 양육해야 한다. 혼합연령 교실의 확장된 삶은 교사와 학부모 상호 간의 이해를 돕고, 유아의 교육에 있어 진정한 동반자가 될 수 있는 시간을 더 많이 제공한다. 즉, 부모들도 교실 공동체의 중요한 구성원이 된다.

4) 혼합연령 교실구성은 다원적이다

혼합연령 교실구성은 다원적이어야 한다. 즉, 각 연령대가 어느 정도 비슷한 인원으로 구성되어야 하고, 각 연령대 안에서 성별과 다양한 능력 간에 균형이 이루어져야 한다.

5) 혼합연령 교실에서는 유아 개인이 존중된다

혼합연령 교실은 개인의 존중이라는 철학에 기반을 둔다. 그러므로 개별 유아의 발달 속도나 학습 유형이 인정되고 지원되어야 한다.

6) 혼합연령 교실에서는 성공에 주안점을 둔다

혼합연령 교실에서는 개별 유아의 발달을 실패가 아닌 성공에 초점을 두고 바라본다. 개별 유아가 모르고 있는 것이 아닌 성공에 초점을 맞춤으로써 유아가 학습 과정에 집중하도록 한다. 교사가 유아의 장점을 파악하고 있으므로, 유아를 적절하게 지원하고 도전할 수 있다. 유아는 '난 이거 할 수 있어. 이 그림책을 읽을 수 있어. 이 퍼즐을 맞출 수 있어. 이 게임을 할 수 있어.' 하고 말할 수 있다. 혼합연령 교실에서는 모든 유아가 발달의 연속선상 어느 곳에 있든지 간에 상관없이 지속적으로 성공을 경험할 수 있다. 이를 위해 유아의 성취와 자존감을 지원하는 긍정적인 학습 환경을 제공한다. 단일연령 교실에서도 대부분의 교사가 긍정적인 학습 환경을 제공하고자 노력하지만 단일연령 교실의 구조적 특성때문에 어려울 때가 많다. 혼합연령 교실에서는 낙인, 유예, 연령에 따른 학급 구분 없이 유아가 자신의 발달 속도에 따라 배우며 또한 실패로부터 배우는 것은 물론, 모험을 시도하는 것도 배운다.

다양한 연령대 간의 사회적 상호작용과 학습은 유아에게 정서적으로 안정된 환경을 제공한다. 실패가 아닌 성공에 초점을 맞추기 때문에, 유아는 스스로를 능력 있는 존재로 느낀다. 유아는 학습을 즐겨야만 한다. 혼합연령 교실에서 유아는 학습이 발견과 탐색, 놀이, 흥분과 즐거움의 노동임을 깨달을 수 있어야 한다. 유아의 학습은 단순히 다음 해, 다음 과정, 초등학교 입학을 위해 준비하는 것은 아니다. 유아기는 평생학습자로서의 준비를 해야 하는 중요한 시기다. 평생학습자가 되기 위해서 유아는 자신들이 현재 하는 일이 보람되고, 의미가 있으며, 정말 즐거운 것이라고 깨닫는 것이 중요하다.

7) 혼합연령 교실의 교과과정은 발달적으로 적합한 실제를 기반으로 한다

혼합연령 교실은 유아의 정신적 능력과 전반적인 발달 수준에 기반한 교과과정을 적용하기에 적절하다. 발달적으로 적합한 실제가 적용되는 교실에서는, 교수전략이나 학습 환경이 '유아에게 적합' 한지, 유아의 발달을 고려하여 계획된다. 유아는 자유롭게 움직인다. 흥미 영역에서 자신들이 원하는 활동을 자유롭게 선택하고 프로젝트에 참여한다. 교사는 촉진자의 역할을 맡아, 유아의 학습을 지원할 수 있는 환경을 계획한다. 유아의 책상은 줄이 아닌 모둠형태로 배열된다.

교사는 필요에 따라 소집단 혹은 개별 유아와 활동할 기회를 갖는다. 집단의 구성은 유연하게 이루어진다. 유아는 능동적이고, 체험적인 학습에 참여하여 연합 집단이나 놀이 집단 안에서 사회적 기술을 배운다. 교사는 유아의 필요에 따라 개별 유아를 지도하고 발달을 지원한다. 혼합연령 교실에서는 사회적 · 정서적 그리고 도덕적 학습이 읽기를 배우는 것만큼이나 중요하다. 대집단 교수는 최소화되고 보통은 교사 주위에 유아가 둘러앉은 상태에서 학습이 이루어진다.

혼합연령 집단 구성 시 고려할 사항(Stone, 1996)

- 모든 영역에서 유아의 지식/기술을 발달시키고, 어떻게 학습할지를 배울 수 있도록 돕는다.
- 유아의 성공에 초점을 맞춘다.
- 유아에 따라 기대를 달리한다.
- 각 유아를 가치 있게 여기고, 유아의 자기존중감과 자신감을 개발시킨다.
- 모든 유아가 나름대로의 발달 속도를 지닌 독특한 존재임을 인정하고 유아 자신의 속도에 맞게 발달할 수 있도록 지원한다.
- 흥미 영역과 프로젝트를 통해 통합적인 학습 경험을 제공한다.
- 유아에게 직접 체험함으로써 배울 수 있는 기회를 제공한다. 기술은 프로젝트나 흥미 영역처럼 의미 있는 맥락을 통해서 그리고 적극적인 참여를 통해 학습된다.
- 유아를 위한 긍정적인 학습 환경을 계획한다.
- 유아가 개별적으로 또는 협력적인 소집단으로 작업하거나 놀 수 있도록 지원하고, 사회적 학습을 증진시킨다.
- 구체적이고, 실제적이며, 의미 있는 학습 자료를 제공한다.
- 유아에게 실내외 놀이 기회를 제공한다.
- 유아에게 교실 안에서 실제적인 사회적 경험을 통해 친사회적 행동을 배울 수 있는 기회를 제공한다.
- 높은 수준의 도덕적 발달을 지원한다. 의미 있는 사회적 맥락 속에서 지지적인 교사의 긍정적인 지도하에 유아는 자기통제를 발달시키고, 실패를 통해 성장하며, 사회적 문제를 해결하고, 선택하며, 책임을 질 수 있는 기회를 제공한다.
- 본질적인 동기를 격려한다. 유아는 가치 있거나 자기만족이 있을 때 배운다.
- 모든 유아가 자신 있는 학습자인 것처럼 지원한다. 절대 유아를 부끄럽게 하지 마라. 각 유아를 가치 있게 여기라.

- 각 유아에게 동정심, 돌봄, 배움에 대한 열정, 의욕, 사랑의 모범을 보인다.
- 유아에게 성공 그 자체가 주는 대가를 경험하도록 한다.
- 포트폴리오처럼 진정성 있는 평가를 사용하라.
- 유아의 발달은 서술적인 보고서나 포트폴리오 등을 통해 기록한다.
- 유아의 자존감에 심각하게 손상을 입힐 수 있는 유예나 낙인은 절대 사용하지 않도록 한다. 모든 유아의 학습을 지원하고 연령에 따른 기대수준을 사용하지 않도록 한다.
- 부모나 가족들이 학교나 가정에서 유아의 학습 경험에 참여하도록 격려한다.
- 가정에서의 의미 있고 재미있는 학습 경험을 제공하라. 유아가 가족들과 놀고 즐길 수 있는 시간이 필요함을 알아야 한다.

3. 일과 운영 및 지도

혼합연령 교실의 일과는 다음과 같이 운영될 수 있다. 이는 혼합연령의 범위와 기관 특성 등에 따라 조정될 수 있다.

혼합연령 교실의 일과를 시간대별로 살펴보면 다음과 같다.

시 간	활동명	활동내용	비 고
8:00～10:00	등원 및 실내 자유놀이	-교사와 유아가 인사를 나누고, 교사는 유아의 건강 및 기분 상태를 살피며 소지품 정리를 돕는다. -유아는 교실의 흥미 영역에서 혼자 혹은 또래들과 함께 자유놀이를 한다.	
	오전 간식 (9:00～10:00)	-간식을 먹기 원하는 유아는 손을 씻고 간식 영역으로 와서 원하는 만큼 먹고 그릇을 정리한다.	-자율 간식으로 운영
10:00～12:00	대집단 활동 소집단 활동 개별 활동 실외 활동	-주제탐구표현활동과 관련하여 이야기 나누기 및 언어활동, 표상활동, 수·조작/과학활동, 게임 및 신체표현 활동, 음률 활동 등을 대집단 또는 소집단(또는 개별) 활동으로 진행한다.	-주제탐구표현활동 혹은 절기 및 행사 관련 활동으로 운영

		-실외 놀이, 산책, 텃밭 가꾸기 등을 대집단 혹은 소집단으로 진행한다.	
12:00~2:00	점심 식사	-화장실을 다녀와서 손을 씻고 점심 식사를 한다.	
	실내 자유놀이	-점심 식사와 정리를 끝낸 유아는 교실의 흥미 영역에서 자유놀이를 한다.	
2:00~3:30	낮잠 및 휴식	-원하는 유아는 낮잠 영역에서 잠을 자거나 휴식을 취한다.	-자율적 · 융통적으로 운영
	소집단 활동 개별 활동	-낮잠을 원하지 않는 유아들을 대상으로, 개별 유아의 발달적 요구에 더욱 집중하여 소집단 활동을 진행한다.	
3:30~6:00	오후 간식 (3:30~4:30)	-낮잠에서 깬 유아들과 소집단 활동을 마친 유아들 중 간식을 먹기 원하는 유아는 손을 씻고 간식 영역으로 와서 원하는 만큼 먹고 그릇을 정리한다.	-자율 간식으로 운영
	실내 자유놀이 실외 활동	-실내 혹은 실외에서 자유놀이를 한다.	
6:00~7:00	하원 및 실내 자유놀이	-부모님이 오시는 대로 혹은 귀가 일정표에 맞추어 귀가하고 당직교사가 보육한다.	

• 8:00~9:00 등원 및 당직 보육: 일찍 등원하는 유아를 위해 교사들이 근무 계획을 정해 당직 보육을 한다. 이 시간을 통해 교사는 다른 반의 유아들과도 자연스럽게 알고 지낼 수 있는 기회를 갖게 된다. 부모는 유아의 건강 및 기분 상태, 투약 계획 등 교사에게 전달할 사항을 기록하거나 당직교사를 통해 전달되도록 한다. 교실 앞 게시판에 부착된 보육일지나 교사와의 의사소통을 위한 보육수첩 등이 활용될 수 있다. 당직 교사는 필요에 따라 부모로부터 전달받은 유아의 상태를 정규 일과가 시작될 때 담임교사에게 다시 전달한다.

• 9:00~10:00 실내 자유놀이 및 오전 간식 9시가 되면 모든 교사들이 출근하여 자신의 반에서 하루 일과를 시작한다. 당직 보육실에 있던 유아는 나이 많은 유아의 인솔하에 각자의 반으로 이동하거나, 당직 교사가 직접 데려다 준다. 각 반 담임교사는 등원하는 유아를 반갑게 맞이하고, 간식 영역에 그날의 간식을

유아가 옮겨 담기 쉬운 크기(혹은 단위)로 준비해 둔다. 유아는 등원하는 순서대로 흥미 영역에서 자유놀이를 시작한다. 간식 시간이나 간식의 양은 정해진 범위에서 유아가 스스로 정한다. 간식 먹기를 원하는 유아는 손을 씻고 간식 영역으로 가서 자신이 원하는 양만큼 간식을 먹고 그릇을 정리한다. 이 때 설거지나 뒷정리를 돕고 싶어 하는 유아가 있으면 교사와 함께 하도록 한다.

• 10:00～12:00 주제탐구표현활동 및 절기, 행사 관련 활동　유아가 주제탐구표현활동이나 특정 명절, 절기, 행사와 관련하여 대집단, 소집단, 개별 활동을 실시하게 한다. 활동의 예를 들자면,

- 주제탐구표현활동과 관련하여 이야기 나누기 및 토의 활동, 언어활동(말하기/듣기/읽기/쓰기), 표상 활동, 수・조작/과학활동, 음률활동(동화/동시/동요), 게임 및 신체 표현활동, 역할/극놀이, 건강 및 안전 관련 활동으로 구성된 대집단 또는 소집단 또는 개별 활동
- 주제탐구표현활동과 관련한 현장 활동 및 조사
- 주제탐구표현활동과 관련한 종결 활동(연극, 전시, 퀴즈 대회, 요리, 부모님이나 다른 반 초청 행사 등) 준비
- 설이나 추석과 같은 명절, 대보름이나 동지와 같은 절기와 관련하여 명절 혹은 절기 음식 만들기, 전통 놀이 체험, 전통 예절 배우기 등
- 어린이날이나 어버이날 등 행사와 관련하여 어린이 잔치, 부모님께 감사 편지 쓰기, 카네이션 만들기 등
- 연극 관람이나 견학, 소풍과 같은 특별한 행사
- 바깥 놀이터에서 대근육 활동을 하거나 물 혹은 모래 놀이하기, 산책하기, 동물 관찰, 텃밭 가꾸기 등의 실외 활동

• 12:00～2:00 점심식사 및 실내 자유놀이　커다란 식탁에 둘러앉아 공동으로 식사

를 하며, 음식을 나누는 즐거움과 한 가족과 같은 소속감을 느끼고, 식사 예절을 배운다. 점심 식사를 마친 유아는 먹은 자리를 정리하고, 양치를 한 뒤, 교실의 흥미 영역에서 자유 놀이를 한다.

• 2:00～3:30 낮잠 및 휴식/소집단 및 개별 활동 낮잠이나 휴식을 원하거나 필요한 유아는 낮잠 영역에서 잠을 자거나 조용히 휴식을 취할 수 있도록 한다. 낮잠 영역은 유아가 활동하는 교실과 분리된 공간으로 구성하되, 공간이 여의치 않은 경우 교실 한 편에 캐노피나 낮은 파티션 등을 설치해 시각적으로 구분되도록 한다. 또한 유아의 개인위생과 공간의 융통적인 활용을 위해 개별 간이침대를 사용하도록 한다.

낮잠을 자길 원하지 않는 유아는 소집단별로 혹은 개별적으로 정적인 활동을 할 수 있도록 한다. 이 시간의 소집단은 개별 유아의 발달적 요구나 흥미에 더욱 집중하여 개별화된 활동을 지원한다. 활동의 예를 들자면,

- 만 5세 유아를 위한 취학 전 준비 활동으로, 문해 활동이나 동네의 초등학교 산책하기, 소규모의 주제탐구표현활동 등
- 교사와 함께 동네에 있는 시장이나 문구점에 가서 활동에 필요한 물건을 구매하는 활동
- 만일 초등학교 저학년 아동이 포함된 방과후 혼합연령 교실의 경우라면 학교에서 내준 숙제와 과제 관련 활동
- 오전의 주제탐구표현활동과 관련하여 작업을 마무리하지 못했거나 더 확장하고자 하는 유아 혹은 소집단을 지원하는 활동
- 흥미 영역 중 정적인 활동이 가능한 영역에서의 자유 놀이(예: 그림 그리기, 책보기, 조형활동, 역할극, 수 조작 및 과학 활동 등)
- 개별 유아의 관심과 흥미를 반영한 개별화된 활동(예: 문자 인식을 시작하여 흥미를 보이는 유아가 교사 혹은 손위 유아와 일대일의 '지도된 읽기' 활동을 하

는 경우, 공룡에 매우 큰 관심을 가지고 있는 유아에게 공룡 관련 책을 주어 홀로 탐독할 수 있는 시간을 주는 경우 등)

- 3:30~6:00 오후 간식 및 실내외 자유놀이 교사는 오후 간식을 유아가 옮겨 담기 쉬운 단위로 간식 영역에 준비해 놓는다. 낮잠에서 깨거나 휴식을 마친 유아, 소집단 및 개별 활동을 마친 유아 중 간식을 먹기 원하는 유아는 3시 30분에서 4시 30분 사이에 간식 영역에 비치된 오후 간식을 원하는 만큼 담아서 먹고 그릇을 정리한다. 간식을 다 먹는 대로 교실의 흥미 영역에서 자유 놀이를 하거나, 실외 활동을 한다. 4시 이후로는 부모의 시간에 따라 자유롭게 하원을 한다.

- 6:00~7:00 하원 및 실내 자유놀이 늦게 하원하는 유아를 위해 교사들이 근무 계획을 정해 당직 보육을 한다. 오전 당직 보육 시간과 마찬가지로 이 시간을 통해 교사는 다른 반의 유아들과도 자연스럽게 알고 지낼 수 있는 기회를 갖게 된다. 당직 교사는 담임교사로부터 전달받은 유아의 건강 및 기분 상태, 하루 일과 등을 하원 시 부모에게 전달한다. 이때 보육 수첩 등 부모와의 의사소통을 위한 기록일지나 게시판의 보육 일지 등이 활용될 수 있다.

4. 환경 구성

성공적인 혼합연령 교실을 운영하기 위해서는 혼합연령 프로그램의 철학과 목표를 구현할 수 있는 환경 구성이 필요하다. 혼합연령 교실의 환경을 구성할 때는 유아의 자유로운 선택과 이동, 직접적인 체험의 기회, 비경쟁적이고 협력적인 사회적 상호작용, 즐거움, 유연한 집단 구성, 자율적 학습 기회의 제공 등을 고려해야 한다. 또한 다양한 경험과 자극을 줄 수 있는 자료들로 구성된 흥미 영역과 프로젝트 그리고 소집단 작업을 할 수 있는 공간을 제공한다. 집단 구성이 혼합연령이기 때문에 유아가 각자 자신의 흥미에 따라 여러 가지 놀이나 활동에 자유롭게 참여할 수 있도록 하는 것이 중요하다. 따라서 이 장에서는 선행연구의 결과들(이순형 외, 2005; Stone, 1996)을 참고하여 유아의 흥미와 발달적 요구에 기초하여 스스로 탐색하고 배울 수 있는 흥미 영역을 중심으로 혼합연령 교실의 환경 구성에 대해 살펴보고자 한다.

1) 흥미 영역의 정의

흥미 영역이란 개별 유아나 소집단의 유아가 그림을 그리거나, 블록을 쌓거나 이야기를 다시 해 보거나, 그림책을 읽거나, 문제를 해결하거나, 주제를 탐구하거나 또는 이야기를 듣는 등 일련의 활동에 참여할 수 있는 장소라 정의할 수 있다. 흥미 영역은 유아에게 직접적인 체험을 통한 학습이나 협력학습, 사회적 상호작용, 실제적인 문제 해결, 자율적인 학습 등 혼합연령 교실의 다양한 목표들을 달성할 수 있는 기회를 제공한다.

교사는 대집단 혹은 소집단 활동을 통해 학습을 촉진하지만, 유아는 흥미 영역에서 자신의 기술을 연습하고, 개발, 창조 그리고 탐험한다. 스케이팅에 비유하자면, 교사는 '얼음판'이라는 실제적이고 의미 있는 경험의 맥락 속에서 각 유아가 자신의 '스케이팅' 기술을 연마하도록 가르친다. 흥미 영역에서는 유아가 교사 없이 '얼음판' 위에서 놀면서 스케이팅 기술을 탐구하고 연습한다. 흥미 영역은 유아 개인의 속도에 맞추어 개별적 성장이 일어날 수 있는 기회를 제공한다.

2) 흥미 영역의 특성

(1) 자유로운 선택

유아 스스로 작업하고자 하는 흥미 영역을 선택하게 함으로써 자신이 원하는 것이 무엇인지 결정할 수 있는 기회를 제공하는 것이 중요하다. 어떤 교사들은 각 유아가 그날 하루 어느 영역에서 작업할지를 미리 일지에 기록한다. 유아에게 적절하다고 생각되는 영역들을 돌아가면서 활동할 수 있도록 배정하는 것이다. 그러나 이런 경우에는 유아에게 결정권이 없다. 교사가 일지를 관리하는 데도 시간이 든다.

혼합연령 교실에서는 유아가 자신을 위한 결정을 스스로 내릴 수 있다고 믿어 주는 것이 중요하다. 유아가 선택을 하는 법을 배우고, 자신을 위해 생각하며, 스스로의 학습에 책임감을 갖기를 바란다면, 그러한 기회를 제공해야만 한다. 유아를 위해 교사가 어느 흥미 영역에서 활동할지를 결정해 주는 것은 그들이 자신의 학습을 주도할 기회를 빼앗는 것이다. 선택은 자기 동기를 부여함으로써, 유아가 학습 경험을 즐길 수 있도록 한다. 하루일과를 시작하면서 대집단 시간에 그날 어떤 흥미 영역에서 활동할 것인지를 유아가 계획하고 발표하는 시간을 가질 수도 있다.

(2) 시간에 대한 자유

흥미 영역에서 보내는 시간을 융통성 있게 진행하는 것은 유아에게 자유로운 선택을 할 수 있도록 허용하는 것이다. 유아는 각 영역에서 활동하는 시간을 스스로 결정할 수 있어야 한다. 어떤 교사는 10~15분마다 유아에게 다른 흥미 영역으로 옮겨 가도록 한다. 그러나 이는 유아가 자율적인 선택과 결정을 할 수 있는 기회를 제한할 뿐만 아니라 학습 과정에도 방해가 된다. 곤충에 한창 몰두한 유아는 책읽기 영역에서 30분 이상 곤충도감을 보려 할 수도 있다. 이제 막 짧은 내용의 책을 스스로 읽기 시작한 유아에게는 책읽기 영역에서 머무는 시간이 10분이면 충분할 수도 있다. 어떤 유아는 교사가 다른 흥미 영역으로 옮기라는 표시로 종을 울리는 순간 중요한 발견을 하거나 책이 주는 즐거움에 한참 빠져 있을 수도 있다.

유아의 발달적 필요를 충족시킬 수 있는 시간을 충분히 제공해야 한다. 일과 운영상 다른 활동으로 전이할 필요가 있을 경우에는 충분한 시간 여유를 두고 유아가 스스로 현재 활동을 정리할 수 있도록 한다. 점심을 먹기 위해 오전 자유선택활동 시간을 마쳐야 한다면 조용히 정리하는 노래를 부르면서 정리할 준비가 된 유아들부터 자신의 활동을 정리하고 점차 다른 유아도 정리에 참여하도록 한다.

(3) 자기 주도적 학습

홍미 영역은 유아에게 자기 주도적이며 스스로의 동기에 의한 학습 기회를 제공함으로써 자신의 학습에 책임감을 갖도록 한다. 유아는 먼저 어떤 영역에서 작업할지 선택을 하고 이후에는 무엇을 만들지, 무엇을 들을지, 어떤 책을 읽을지 그리고 궁금한 문제를 어떻게 탐색할지를 결정한다. 학습은 교사로부터 주어지는 것이 아니라 유아 스스로 탐색하는 것이다. 자기 주도적 학습은 평생학습의 기반이다.

(4) 개방적인 활동

혼합연령 교실에서는 다양한 발달 특성을 가진 유아를 배려한 개방적인 활동이 필요하다. 냉장고 박스를 재활용하여 집을 만들 때 어떤 유아는 멋진 창문을 그려 넣을 수 있고, 어떤 유아는 붓을 사용하여 벽을 칠하고, 어떤 유아는 종이를 찢어 붙이거나 스펀지에 물감을 묻혀 벽을 꾸밀 수 있다. 각 유아는 이러한 다양한 활동을 통해 자신의 기술 수준에 맞게 성공적으로 참여할 수 있다. 또 다른 예로, 쓰기 영역에서 유아가 나뭇잎책을 만든다면 나뭇잎책 표지를 만든 후 각 유아는 나뭇잎에 대한 자신의 생각, 경험, 느낌 등에 관해 그림을 그리거나 이야기를 쓴다.

이러한 개방적 활동을 통해 나이 든 유아는 나뭇잎을 주제로 해서 시작과 중간 그리고 결말이 있는 이야기를 쓸 수도 있다. 나이 든 유아는 완전한 문장과 단락으로 이야기를 쓰고, 아직 어린 유아는 같은 영역에서 간단한 문장과 그림으로 구성된 이야기를 짓는다. 나뭇잎책을 만들 때 어떤 유아는 소리가 나는 대로 글자를 쓰고, 어떤 유아는 정확한 문장을 쓰는 등 자신들의 현재 기술 수준에 따라 완성하고 교사는 이러한 개방적 활동을 통해 개별 유아의 쓰기 발달 단계를 알 수 있다.

(5) 체험식 활동

홍미 영역은 활동지로 가득 찬 학습영역이 아니라 능동적인 체험을 통한 학습을 격려하는 곳이어야 한다. 각 영역은 유아로 하여금 경험, 탐험, 발견, 발명, 놀이 혹은 그들의 기술을 연습함으로써 자신만의 지식을 구성할 수 있는 기회를 주어야 한다. 기술은 학업적인 것만을 의미하지 않는다. 유아는 차례 지키기와 같은 사회적 기술이나 그림을 완성했을 때의 정서적인 만족감, 퍼즐조각을 맞출 때의 눈과 손의 협응력 또한 배운다.

체험식 학습을 통해 유아는 스스로 생각할 수 있는 기회를 갖는다. 과학영역에서, 유아는 물체를 물속에 넣어 보면서 왜 어떤 것은 뜨고, 어떤 것은 가라앉는지 탐구할 수 있다. 블록영역에서는, 원하는 구조물을 만들기 위해서는 블록들을 어떻게 쌓는 것이 효과적인지를 경험할 수 있다. 미술영역에서는, 나뭇조각을 상자에 붙일 수 있는 가장 효과적인 방법을 다양한 시도를 통해 알게 된다.

(6) 통합적인 주제별 흥미 영역

교사들은 종종 흥미 영역들을 현재 탐구하는 주제에 맞게 통합시킨다. 예를 들어, 주제가 나뭇잎이라면 각 흥미 영역에 이 주제를 반영한다. 교사는 유아들과 함께 『나뭇잎이 달아나요』(올레 쾨네케 저, 임정은 역, 시공주니어, 2008)라는 그림책을 읽고 난 후 나뭇잎으로 시작하는 끝말잇기 놀이를 한다.

유아는 쓰기 영역에서, 주워 온 나뭇잎 위에 수정펜으로 끝말잇기에 나온 단어들을 써 볼 수 있다. 아직 글을 쓰지 못하는 유아는 그림으로 해당하는 단어를 표현한다. 나뭇잎 끝말잇기를 벽에 부착하여 읽기 자료로 활용할 수 있다. 과학영역에서는 나뭇잎의 모양, 크기, 색상을 살펴본 후 분류해 볼 수 있다. 미술 영역에서는 나뭇잎 탁본을 만들거나 색철사로 나뭇잎 모양을 만들 수도 있다.

(7) 일반적인 흥미 영역

교실 내에 블록놀이, 역할놀이, 조작놀이, 언어, 과학 등의 일반적인 흥미 영역을 갖추는 것은 유아의 자율적 학습에 도움이 될 뿐만 아니라 교사가 관리하기에도 용이하다. 영역 자체는 바꾸지 않고 몇 주마다 그 내용물만 바꾼다. 예를 들어, 유아가 바느질 활동을 할 수 있는 조작영역에서 활동주제가 곰이라면 유아는 곰 모양을 사용하여 바느질을 할 수 있다. 소근육 기술의 발달 정도에 따라 어떤 유아는 곰 모양 부직포의 가장자리에 뚫려 있는 구멍에 모루로 바느질을 할 수도 있고, 어떤 유아는 돗바늘로 십자수 천에 곰 모양을 수놓을 수 있을 것이다. 활동주제가 도형으로 바뀌면 유아는 도형모양을 사용하여 바느질을 할 수 있다. 때로는 활동 주제에 맞게 새로운 흥미 영역을 계획할 수도 있다. 가족을 주제로 유아가 여러 가지를 탐구하는 경우 교실 안에 커다란 냉장고 박스로 집 꾸미기 영역을 만들 수 있다.

새로운 흥미 영역을 만드는 것은 교사에게 매우 어려운 일이다. 교사로서 새로운 흥미 영역을 적절하게 제시하는 것도 중요하지만, 결국 유아에게 능동적 학습 경험을 제공하고 교사의 시간관리 제약을 충족시키는 것은 일반적인 흥미 영역이다. 각 흥미 영역에 따라 필요한 공간과 고려해야 할 사항은 다양하다. 어떤 영역은 소집단의 유아가 함께 활동하고 탐색할 수 있는 넓은 공간이 필요하고 어떤 영역은 한두 명의 유아가 오붓하게 앉을 수 있는 자리만 있으면 되기도 한다. 또한 블록놀이 영역 옆에 역할놀이 영역을 나란히 배치했을 때는 남아와 여아들의 상호작용이 증가하지만 도서영역을 배치하면 방해가 되는 것처럼 영역을 배치할 때도 유아의 활동특성을 고려해야 한다. 특히 혼합연령 교실에서는 다양한 연령대의 유아 간에 긍정적인 상호작용이 일어나고 또래학습 등의 목적을 달성할 수 있도록 각 흥미 영역을 계획하고, 활동을 진행하면서 계속적인 관찰을 토대로 흥미 영역을 융통성 있게 수정한다.

(8) 유아들과 함께 흥미 영역 계획

유아들과 함께 흥미 영역을 계획하는 것이 중요하다. 교실에 대한 주인의식은 유아의 학습동기를 유발한다. 활동주제를 선정하고 흥미 영역을 계획하는 일에 유아들을 참여시키도록 한다. 유아가 함께 흥미 영역에서 무엇을 할지 결정한다. 물론 교사로서 탐구하고자 하는 주제가 있을 것이고 교사의 주인 역할 또한 중요하다. 그러나 유아에게는 교사가 미처 하지 못하는 놀라운 생각이 있으며, 자신의 생각을 직접 실행해 봄으로써 흥미 영역에 대한 관심이 증가할 것이다.

유아는 편안하게 자신이 만든 흥미 영역을 확장시킬 수 있어야 한다. 집에서 흥미 영역에 적절한 물건들을 가지고 올 수도 있고 도서관에 가서 흥미 영역에 필요한 책을 빌려 올 수도 있다. 여름휴가 때 바닷가에서 주워 온 조약돌이나 가을 산에서 주워 온 밤송이로 흥미 영역의 계절탁자를 장식할 수도 있다. 교사가 유아들과 함께 흥미 영역을 계획함으로써 학습 과정에 대한 모두의 주인 의식이 증가할 수 있다.

(9) 흥미 영역 관리

모든 흥미 영역은 나름대로의 목적에 따라 잘 조직되어야 한다. 유아는 각 흥미 영역에서 무엇을 할 수 있으며, 어떤 자료들이 있는지를 알아야만 한다. 대집단 시간에 교사는 흥미 영역 활동에 대한 제안이나 안내를 한다. 학기 초에 유아는 흥미 영역을 어떻게 관리할지에 대해 배운다. 흥미 영역 관리를 통해 유아는 책임감과 주인의식을 느낄 수 있는 기회를 얻는다.

만약 교사가 매일 흥미 영역 청소를 한다면 유아는 자신의 활동 무대인 흥미 영역에 대한 책임감을 형성할 수 없다. 유아는 자신이 사용한 이야기 테이프를 다음 친구를 위해 다시 감아 놓고, 사용한 가위를 제자리에 갖다 놓는 등 흥미 영역을 관리하는 것을 생활화해야 한다. 혼합연령 교실에서는 교사의 직접적인 개입이 없이도 다양한 연령대의 유아 간에 자연스럽게 흥미 영역 관리에 대한 지식이나 기술이 전달될 기회가 생긴다. 흥미 영역을 배치할 때는 각 영역에서 활동하는 유아가 무엇을 하는지 교사가 언제나 볼 수 있도록 해야 한다.

(10) 흥미 영역에 대한 제안

일반적인 흥미 영역 외에 혼합연령 교실을 위한 흥미 영역에 대한 몇 가지 제안사항은 다음과 같다. 유아가 교실 내 환경을 통해 자연스럽게 글을 익힐 수 있도록 여러 영역에 문해적인 요소들이 포함되어 있다.

① 큰 책 영역: 유아의 다양한 읽기 수준을 반영한 큰 책을 유아들과 함께 만들어 큰 책 영역에 제시한다. 유아와 함께 읽었던 책 중에서 유아가 흥미 있어 하고 발달적 요구에 적합하며 문학적 · 미학적으로 우수한 그림책을 선택한다. 원

작에서 사용한 다양한 미술적 기법을 사용하여 유아가 그림을 그리거나 글을 쓰거나 글자를 오려서 큰 책을 만든다. 교사는 개별유아나 소집단, 대집단 유아들에게 읽어 주거나 함께 읽기 활동 등에 활용한다. 교사의 책 읽어 주기 활동이나 함께 읽기를 모방해서 나이 많은 유아가 나이 어린 유아들에게 책을 읽어 주는 활동을 할 수 있으므로 교사는 올바른 방법으로 시범을 보여야 한다.

② **OHP 프로젝트 영역:** OHP 프로젝트를 활용하여 유아가 벽면이나 스크린에 그림을 띄워 놓고 이야기 짓기 등을 하거나 다양한 재료들(셀로판지, 레이스, 필름 등)을 겹치게 올려놓으면서 그에 따른 변화과정 등을 탐색한다. 동물이나 사람의 겉모습과 뼈 x-ray 사진을 차례로 겹치면서 눈에 보이는 것과 보이지 않는 속의 모습에 대해 이야기를 나눠 본다.

③ **듣기 영역:** 헤드폰과 편안한 쿠션이나 의자 등을 구비하여 2~3명이 함께 앉아 책이나 이야기 테이프 등을 선택해서 읽거나 들을 수 있도록 한다. 읽기를 시작한 유아가 자신이 책 읽는 것을 녹음해서 들어 볼 수도 있고 부모님들이 유아가 가장 선호하는 책을 읽어서 녹음한 테이프를 구비해 놓을 수도 있다. 유아가 또래와 함께 동시를 외우거나 책을 읽는 것을 녹음한 테이프를 비치할 수도 있다.

④ **도서영역:** 햇빛이 잘 드는 조용한 곳에 배치한다. 커다란 쿠션이나 소파 등을 준비하여 유아가 편안하게 앉거나 기대어서 책을 볼 수 있도록 한다. 책표지의 전면이 보이도록 책꽂이에 책을 비치하여 글을 읽지 못하는 유아도 그림만으로 자신의 흥미에 따라 책을 자유로이 선택할 수 있도록 한다. 책꽂이의 책이 놓이는 자리에 숫자 혹은 도형 모양으로 위치를 표시하고 같은 표식을 책에도 찍찍이로 붙여서 유아가 다 읽은 후 스스로 제자리에 꽂아 놓을 수 있도록 한다. 활동주제나 절기 등에 따라 주기적으로 책의 종류를 바꿔 가면서 제시해 주는 것이 좋다. 이야기 짝을 정해 아직 혼자 읽기가 능숙하지 못한 유아가 자

신이 원하는 유아와 함께 책을 읽도록 할 수도 있다.

⑤ 책 바구니: 책은 꼭 도서영역에만 있을 필요는 없다. 책 바구니에 2~3권의 책을 담아 각 흥미 영역에 비치할 수도 있다. 소꿉놀이 영역에는 요리책 바구니, 드라마 영역에는 주제극 놀이를 하기에 적합한 이야기책이 담긴 바구니, 미술 영역에는 세계적인 화가들의 작품이 담긴 질 좋은 미술도감과 종이접기 책이 담긴 바구니, 과학영역에는 교실에서 키우는 거북이를 돌보는 내용이 담긴 정보그림책 바구니, 쓰기영역에는 그림사전 바구니, 계절 탁자에는 그 계절에 맞는 그림책 바구니를 비치할 수 있다. 책바구니를 적절히 활용하여 유아에게 책은 우리 삶의 한 영역이 아니라 모든 영역에 관련 있음을 실제적으로 알고 활용할 수 있는 기회를 제공한다.

⑥ 글자 영역: 여러 가지 재료와 방법을 통해 유아가 다양한 감각을 사용하여 글자를 탐색하고, 경험할 수 있는 기회를 제공한다. 모래판 자모음, 이동 자모음, 색모래 상자, 자음모음판, 글자 스텐실, 글자스탬프, 글자탁본, 핀으로 글자 모양 뚫기, 신문에서 글자 오려 붙이기 등 다양한 방법을 통해 유아는 자신의 발달 특성에 맞게 글자를 쓰고, 만들고, 느낀다.

⑦ 벽 읽기 영역: 유아의 문해발달을 촉진시키기 위해 교실 곳곳에 사물의 명칭, 기호, 포스터 등의 인쇄물을 배치할 뿐만 아니라 유아의 그림이나 쓰기 작품 등을 벽에 게시해서 이야기 들려주기나 읽기 활동에 활용한다. 재미있는 모양의 포인터를 벽 읽기 영역에 비치해 유아가 포인터로 그림을 가리키며 설명하거나 글을 짚으면서 읽어 볼 수 있도록 한다.

⑧ 자료 테이블: 교실 내에서 필요한 여러 문구류 등 도구들을 유아가 자유롭게 사용할 수 있도록 손이 쉽게 닿는 곳에 둔다. 언제나 같은 장소에 보관하고, 속이

잘 보이는 투명상자 등에 그림과 함께 이름을 붙여서 보관한다.

⑨ 낮잠 영역: 종일반 유치원의 부모나 교사들은 모두 낮잠이나 휴식은 원하는 유아만 취할 수 있도록 하는 것을 선호한다(한국교육개발원, 2004). 낮잠 공간을 별도로 확보하기가 어려운 경우에는 교실 한 쪽에 커튼 등을 이용하여 낮잠이나 휴식 공간을 확보하고 별도의 조명 스위치를 달아서 그 영역만 필요에 따라 소등할 수 있도록 한다. 유아가 스스로 혹은 다른 유아의 도움으로 설치하고 치울 수 있는 개인매트와 담요를 비치하여 혼자 힘으로 자신의 낮잠과 휴식을 준비하고 정리할 수 있도록 한다.

⑩ 계절 탁자: 교실 안에서 계절의 변화를 느낄 수 있게 하는 영역이다. 교사와 유아가 함께 꾸민다. 봄을 맞아 유아들과 함께 간 동네꽃집에서 사 온 개나리와 진달래로 봄 탁자를 장식할 수 있다. 여름에는 바닷가에 가족들과 놀러 갔다 오면서 주워 온 돌을 크기에 따라 비교하는 활동이나, 조개에 구멍을 뚫어 끈으로 엮은 후 목걸이를 만드는 활동으로 구성할 수도 있다. 탁자 위의 커다란 고동을 귀에 대고 바다의 소리를 감상할 수도 있다. 가을에는 산책길에 주워 온 나뭇가지에 울긋불긋한 단풍을 매달아 만든 모빌을 계절 탁자 위에 달아 놓고, 탁자에는 밤송이 가지를 올려놓는다. 겨울에는 크리스마스트리를 올려놓고 어려운 사람들에게 나눠 줄 선물들과 카드를 준비할 수도 있다. 또한 그 계절을 주제로 한 그림책들을 함께 전시한다.

⑪ 간식 영역: 작은 탁자에 의자 몇 개를 배치하여 유아가 혼자서 혹은 2~3명이 함께 원하는 시간에 자율적으로 간식을 먹을 수 있도록 한다. 간식은 뚜껑이 있는 투명한 그릇에 보관하고, 개인용 접시와 먹는 데 필요한 도구 그리고 정리하는 데 필요한 도구를 제공한다. 유아 스스로 간식을 먹고 깨끗하게 정리할 수 있도록 한다.

⑫ 쓰기 영역: 책을 만드는 데 필요한 다양한 쓰기 도구와 종이류, 사전 등을 배치한다. 늘 A4용지에 색연필이나 연필로만 이야기를 쓰는 데서 벗어나 실제로 자신만의 독특한 책을 만들어 보도록 한다. 도형을 주제로 한 쓰기에서는 삼각형 등의 도형 모양으로 자른 검정 종이에 흰 색연필로 써 보는 등 쓰는 내용뿐만 아니라 그 방법에서도 유아의 창의성이 발휘될 수 있는 기회를 제공한다. 또한 유아가 자신의 생각이나 경험, 느낌 등을 글과 그림으로 다양하게 표현할 수 있도록 이야기의 주제가 될 수 있는 그림들을 잡지에서 오려 둔다. 개인용 칠판과 분필, 작은 하얀 칠판과 보드용 마카, 지우개 등도 두어 보다 자유로운 쓰기 활동이 활발히 일어나도록 한다. 박스로 만든 우편함을 배치하여 유아가 친구나 교사에게 보내는 편지를 글과 그림으로 작성하여 집어넣으면 우편배달부 역할을 맡은 유아가 배달하도록 한다. 아직 이름을 쓰지 못하는 유아를 위해 유아의 사진으로 스티커를 만들어서 보내는 사람과 받는 사람 위치에 붙이기도 한다.

⑬ 극놀이 영역: 벽면에 큰 전지를 붙이고 양쪽에 천을 늘어 뜨려 무대 커튼을 만들어 극놀이 등을 할 수 있는 배경을 만들어 준다. 탐구하는 주제에 따라 소품을 준비하거나 유아들과 함께 만들어 비치한다. 유아에게 친숙한 이야기나 동시, 다루고 있는 주제와 관련한 극놀이를 함으로써 새로이 습득한 어휘를 연습하고, 이야기 감각을 익히며, 역할을 정하고, 놀이를 계획하는 능력을 키울 수 있도록 한다. 텔레비전 박스를 이용해 손가락 인형극장을 만들어 주는 것 또한 유아의 극놀이 기회를 증진시킨다.

⑭ 융판이나 자석판 영역: 교실 내에 융판이나 하얀 자석판을 제공한다. 유아가 알고 있는 이야기를 혼자서 혹은 여럿이서 회상하거나 들려주기 활동을 할 수 있도록 다양한 유형의 사람이나 동물, 사물의 모양을 제공한다. 그 외에도 숫자, 자모음, 도형 모양, 색상판 등 융판이나 자석판에서 사용할 수 있는 다양한 자

료들을 배치하여 유아가 자유롭게 조작하면서 새로운 개념을 익히거나 이미 배운 것을 연습할 수 있도록 한다. 유아가 직접 그린 사물 등을 코팅한 후 뒷면에 찍찍이나 자석띠를 부착하는 등 활동자료를 함께 만들어 본다. A4 크기의 하드보드지에 펠트를 붙이거나 자석판을 부착하여 개별 유아를 위한 휴대용 융판이나 자석판을 만들어서 사용할 수도 있다.

⑮ 미술 영역: 색을 구분할 수 있는 밝은 곳에 배치하는 것이 좋다. 수도가 있으면 좋지만 그렇지 못할 경우 두 개의 양동이를 준비한다. 한 개에는 깨끗한 물을 담아 미술활동에 필요할 때 사용하고 다른 한 개는 사용하고 난 더러운 물을 버리는 데 사용한다. 유아가 그림을 그리고, 점토 등으로 작품을 만들고, 종이로 창의적인 활동을 하는 데 필요한 다양한 도구를 스스로 사용하고 정리하기 쉽게 보관한다. 유아에게 도구를 적절하게 효과적으로 사용하는 방법을 알려 주거나 그림 등으로 사용법을 표시한다. 미술활동 중에 옷을 보호하기 위해 앞치마나 부모님이 안 입으시는 낡은 셔츠 등을 비치하여 사용한다. 자신이 그린 그림에 스스로 설명을 써넣거나 교사 또는 다른 유아가 대신 받아 적어 준다. 유아의 작품은 다양한 방법으로 교실 안과 밖에 전시한다. 미술활동을 할 때 유아의 창의성을 격려할 수 있는 다양한 방법과 도구를 시도한다. 예를 들어, 테이블을 깨끗한 비닐로 싼 뒤 생크림이나 초코시럽, 딸기 요플레 등을 이용해 손가락 그림을 그린 뒤 자신의 작품을 맛보는 '맛있는 그림 그리기' 활동을 할 수도 있다. 음악을 들으면서 느껴지는 감정을 검은 도화지에 손가락으로 풀을 찍어 그린 후 그 위에 모래를 뿌려 완성하는 '손가락으로 감상하는 그림' 활동을 할 수도 있다.

⑯ 컴퓨터와 프린터: 컴퓨터는 유아 스스로 자신의 진행 속도를 조절할 수 있기 때문에 개별화 학습을 더 쉽게 해 준다. 사회정서나 인지, 신체발달에 도움이 되는 다양한 소프트웨어 프로그램을 이용하여 유아가 듣고, 읽고, 수학과 관련

된 개념을 익히며, 질문에 대한 답을 찾는 등 컴퓨터를 유용한 목적으로 사용하는 경험을 할 수 있도록 한다. 유아는 또한 컴퓨터를 이용해 그림을 그리고, 글을 쓰고, 편집하여 인쇄한 뒤 자신만의 이야기책을 만들 수도 있다. 유아 스스로 컴퓨터를 올바르게 작동할 수 있도록 그림으로 설명한 사용법을 컴퓨터 옆에 부착해 놓는다.

⑰ 개방적 영역: 개방적 영역은 탐구하고 있는 주제를 반영해 자유롭게 구성하는 영역이다. 만일 가족이 주제라면 커다란 냉장고 박스가 집이 되기도 하고, 주제가 교통기관이라면 냉장고 박스가 자동차나 버스가 될 수도 있다. 시장놀이를 한다면 냉장고 박스는 가게가 되고 주제가 동물이라면 동물원의 매표소가 될 수도 있다. 유아는 의미 있는 맥락 속에서 자신들이 궁금해 하는 주제를 가지고 자유롭게 놀며, 탐색하는 과정을 통해 관련된 어휘를 사용하고, 문제를 함께 해결하며, 이야기를 만들어 내는 기회를 풍부하게 갖게 된다.

5. 교육활동의 운영

1) 교육활동 운영의 기본 원리

혼합연령 교실에서는 다양한 수준의 발달적 요구와 흥미를 가진 유아가 함께 생활하면서 서로에게서 배운다. 일상생활이나 놀이 상황과 같은 자연스러운 맥락에서 서로에게 배우고 가르치는 과정에서 이루어지는 학습은 혼합연령 교실의 가장 큰 특징이자 강점이다. 따라서 혼합연령 교실의 교육활동은 교사 주도적으로 계획되고 운영되는 대집단, 소집단 활동에 국한되지 않는다. 오히려 등원부터 하원에 이르기까지 유아가 경험하는 일상생활과 구조화된 환경에서의 자발적 놀이, 다른 유아나 교사와의 상호작용 등, 이 모두가 유아의 발달을 이끄는 교육적 경험임을 알아야 한다. 이렇듯 유아의 생활과 교육활동을 통합하기 위해서는 주제 중심의 통합적 접근이 유용하다.

혼합연령 교실 유아들의 공동의 관심사를 반영한 주제를 선정하고, 이를 중심으로 구조화된 환경을 구성하고, 자발적인 놀이와 탐구를 이끌어 내며, 발달 영역과 활동 영역이 통합된 다양한 활동을 제시한다. 특정 주제를 중심으로 놀이가 확장되거나 공동으로 문제를 해결해야 하는 상황에서 유아는 타인과의 의사소통에 더욱 집중한다. 또한 집단 안에서 서로 다른 역할과 기능을 인식하여 효율적으로 협력한다. 이는 혼합연령 교실 구성원들의 다양한 연령과 성별, 발달 수준, 능력, 사회적 배경의 자연스러운 통합을 이루고, 궁극적으로 개별 유아의 전인적인 성장과 발달에 기여한다. 이러한 교육적 가치는 실제로 교육활동을 계획하고 운영하는 교사에 의해 실현될 수 있다. 교사는 유아의 경험이 내포하는 교육적 의미를 발견할 수 있어야 하며, 실제로 교육활동을 계획하고 운영하며 평가하는 모든 단계에서 이러한 원리들을 기억하고 적용해야 한다. 이를 기반으로 교육활동 운영의 몇 가지 기본 원리를 제시하면 다음과 같다.

(1) 일상생활을 통한 생활문화교육

혼합연령 교실의 유아는 일상생활을 통해 배운다. 생활이라는 지극히 자연스러운 흐름 속에서 유아는 발달하고 성장한다. '생활' 에는 규칙적으로 반복되는 활동이 있다. 이러한 규칙성은 매일 혹은 매달, 매 절기, 매년 등의 단위로 반복된다. 매일 규칙적인 일과를 운영함으로써 유아는 하루의 흐름을 알고 반복적인 일상 활동에 대한 지식(스크립트 지식)을 획득하고, 정서적 안정감을 느낀다. 예를 들어, '간식 먹은 후에 설거지하기' '식사 후에 양치하기' 등의 스크립트 지식을 획득하는 것은 유아가 일상생활 속에서 사회인으로 성장하고 있다는 증거가 된다. 또한 계절이나 절기를 단위로 반복되는 나들이, 놀이, 먹을거리, 이야기 등은 유아가 한 해의 흐름을 기억하고, 문화를 학습하며, 자신의 발달 과정을 인식하는 기회를 제공한다. 혼합연령 교실을 운영하는 한 교사의 말은 삶 속에서 배우는 유아의 모습을 잘 나타내 준다(더 자세한 내용은 3. 일과 운영 및 지도 참고).

"모과철이 되면 아이들과 밖에 나가서 모과를 수확하고 교실에서 차를 담가요. 아이들은 작년에도 했던 일이니 올해도 으레 하는 것이려니 하지요. 모과 써는 일이 쉽지가 않은데 작년에 어려서 못했던 아이들이 올해는 커서 끝까지 남아서 참여하고 그래요."

(2) 자발적 놀이와 탐구를 통한 교육

혼합연령 교실의 유아는 자발적 놀이와 탐구를 통해 배운다. 혼합연령 교실은 마치 스케이트를 막 배우기 시작한 유아에게 스케이트를 배우기에 최적의 조건을 갖춘 잘 정비된 스케이트장과 같다. 흥미 영역별로 구조화된 교실과 다양한 발달 수준을 반영하여 배치된 교구 교재는 자발적인 놀이를 하게 하고, 유아가 교실의 물리적 환경뿐만 아니라 인적 환경인 또래 및 교사와도 활발하게 상호작용할 수 있도록 돕는다. 놀이를 통한 학습은 유아가 주도하는 학습이므로, 혼합연령 교실을 구성하는 유아들의 다양한 발달 수준과 발달 속도, 흥미 등을 적절하게 반영하기에 좋다. 교사는 유아에게 적합한 물리적 환경의 제공자가 되어 유아의 발달과 학습을 지원할 수 있다(더 자세한 내용은 4. 환경 구성 참고).

(3) 관계를 통한 교육

혼합연령 교실의 유아는 서로에게서 배운다. 교사나 더 나이 많은 유아를 보고 배우는 모방 학습과 또래와의 상호작용을 통해 이루어지는 또래 교수는 혼합연령 교실에서 가장 빈번하고도 자연스러운 교육 방법이다. 혼합연령 교실에는 모든 유아에게 적용되는 발달적 규준이 없기 때문에 유아는 타인과의 비교로부터 보다 자유롭게 타인의 행동을 모방하고 학습할 수 있게 된다. 교사는 특정한 기술이나 기능의 습득을 목표로 교육활동을 운영할 때, 손위 유아들과 먼저 작업하고, 손위 유아가 손아래 유아와 작업할 수 있는 기회를 주어 교육 목표를 달성할 수 있다(더 자세한 내용은 7. 교수학습방법 참고).

(4) 주제 중심 통합 교육

혼합연령 교실의 유아는 주제를 중심으로 통합된 환경 속에서 배운다. 혼합연령 교실에서 반드시 주제 중심의 통합적 접근을 적용해야 하는 것은 아니다. 그러나 특정 주제를 중심으로 교실 환경을 구조화하고, 유아의 생활과 교육 경험을 통합하며, 발달 영역과 활동 영역을 통합한 활동을 제공하는 것은, 환경과의 적극적이고 자발적인 상호작용을 통해 유아의 전인적 성장을 도모한다는 점에서 혼합연령 교실의 교육적 가치에 잘 부합한다. 또한 주제 중심의 통합적 접근은 유아의 공동 관심사를 반영하고, 공동의 작업과 문제해결상황을 빈번하게 경험시킨다는 점에서 혼합연령 교실 유아의 통합에도 기여할 수 있다. 이와 관련한 자세한 논의는 다음에서 다루며, 이후로 주제 중심의 통합적 접근은 한국적 상황에 맞게 번안된 용어인 '주제탐구표현활동'으로 사용하기로 한다(이순형 · 서영숙 · 전인옥, 1999).

2) 주제탐구표현활동의 정의 및 특징

(1) 정의

주제탐구표현활동은 유아가 특정 주제에 대해 깊이 있게 연구하면서, 새로운 사실을 학습하거나 새롭게 알게 된 사실을 나누기 위하여 다양한 매체를 통한 표상을 적극적으로 활용하는 교육 프로그램이다. 미국의 프로젝트 접근법(The project approach)과 이탈리아의 레지오 에밀리아(Reggio Emilia) 교육 프로그램이 한국의 현실에 맞게 적용되면서 그 의미에 가깝게 번역된 용어라고 할 수 있다.

(2) 특징

주제탐구표현활동은 교사나 유아의 관심과 흥미가 반영된 주제를 선정하는 것에서부터 시작되어, 그 주제와 관련된 여러 질문들에 대해 답을 찾고 그것을 확장하는 방식으로 진행된다. 이 과정에서 단지 정답을 찾는 것보다는 정답에 도달하는 과정을 통해 주제에 대해 더 많은 것을 알게 되는 것이 목적이다. 이를 위해 토의, 현장 활동, 표현 및 표상, 조사, 전시 등이 모든 단계에서 반복해서 진행된다. 한 활동은 다음 활동과 기능 및 의미 측면에서 연관되어 있으며, 우연한 발견이 새로운 다음을 창조한다. 또한 각각의 활동은 부분적으로 언어, 수, 과학 등 특정 영역의 기본 개념이나 기술을 활용하면서도 하나의 주제로 유기적으로 연결된다. 주제나 활동 특성에 따라 한 활동 안에 여러 영역의 기본 개념이나 기술들이 통합될 수도 있다.

(3) 의의

주제탐구표현활동의 전 과정은 대부분 공동의 문제 해결 상황이므로 교사와 유아, 유아와 유아 간의 적극적인 사고 교류와 사회적 상호작용이 촉진된다. 유아 개인에게는 자신 및 자신이 속한 집단에 필요한 지식과 정보를 구하는 과정을 통해 나름의 학습 방법을 발달시킬 수 있다. 또한 교육과정 안에 여러 발달 영역 혹은 학습 영역이 통합되어 유아의 전인적 성장을 도모한다.

3) 혼합연령 교실에서의 주제탐구표현활동

(1) 교육적 가치

주제탐구표현활동은 유아 중심적 · 과정 중심적 · 순환적 · 통합적 교육과정이라는 점에서 혼합연령 교실이 지향하는 교육 목표에 부합하며, 유아들의 다양한 발달 수준과 배경을 통합하는 데 도움이 된다.

① 유아 중심적 교육과정: 주제탐구표현활동은 첫 단계인 주제 선정부터 전적으로 유아의 관심과 흥미를 바탕에 둔다. 활동 방향에 대한 대략적인 윤곽만 있을 뿐, 활동을 이끌어 가는 것은 유아의 흥미와 탐구 과정 그 자체다. 이러한 발현

적이고 유아 중심적인 특성은 혼합연령 교실의 구성원들이 다양한 발달적 요구와 흥미를 교육과정 안에서 통합하는 데 기여할 수 있다. 구성원들의 특징이 동질적이라기보다 이질적이라는 것은 유아 중심적 교육과정 내에서 활동의 내용과 질을 더 풍부하게 만드는 요인이 된다.

② **과정 중심적 교육과정:** 주제탐구표현활동은 지식이나 정보의 확장보다 그것이 확장되는 과정을 중시한다. 혼합연령 프로그램 역시 모든 유아가 자신만의 발달 시간표를 가지고 성장해 나가는 과정을 중시하므로 특정한 발달적 규준에 의한 일괄적 평가를 지양한다. 또한 주제탐구표현활동에서 주제를 탐구하는 과정이란 특정 주제에 대한 지식과 정보의 범위가 더 넓어지고 깊어지는 확장과 심화를 의미한다. 혼합연령 프로그램 역시 모든 유아가 개인 내적 관점에서 더 분화되고 더 높은 단계를 향해 양적이고 질적인 변화를 지속해 갈 수 있도록 지원한다. 따라서 혼합연령 교실의 유아는 과정 중심적인 교육과정을 통해 타인과의 비교로부터 자유롭게 자신만의 발달을 이루어 나갈 수 있다.

③ **순환적 구조의 교육과정:** 주제탐구표현활동은 구조적으로 유사한 형식의 활동이 내용과 수준을 달리하면서 반복되는 특징을 보인다. 예를 들어, '자전거'라는 주제를 놓고, 도입 단계의 경험 나누기를 위한 '자전거 그리기', 전개 단계에서 자전거를 분해한 후의 '자전거 그리기', 마무리 단계에서 내가 발명한 '자전거 그리기'는 같은 표상 활동이지만 내용과 수준이 더 심화되고 있음을 알 수 있다. 혼합연령 프로그램의 순환적 구조는 보통 한 유아가 같은 공간에서 2~3년 혹은 그 이상 생활하게 되면서 나타난다. 예를 들어 '모과차 담그기' 활동의 경우 올해에 더 나이 많은 유아가 모과 써는 것을 지켜보기만 했던 유아가 다음 해에는 칼을 쥐고 썰게 되며, 그 다음 해에는 모과차 담그는 활동을 주도하게 되는 경우다. 이 예에서와 같이, '모과차 담그기'라는 같은 활동이 한 유아의 발달과 함께 내용과 수준을 달리하며 심화되는 순환 구조를 볼

수 있다. 따라서 혼합연령 교실에서 순환적 구조의 교육과정은 단기적 · 장기적 측면에서 유아의 발달을 지원할 뿐만 아니라, 개별 유아의 발달을 평가하는 도구로도 활용될 수 있다.

④ 통합적 교육과정: 주제탐구표현활동은 한 가지 주제를 통해 여러 발달 영역과 학습 영역이 통합된 교육과정을 운영함으로써 유아의 전인적 성장을 지원한다. 혼합연령 프로그램 역시 발달적으로 적합한 실제(DAP)를 기반으로 유아의 전인적 발달을 지원하는 것을 목표로 한다. 이를 위해 유아의 생활 경험과 교육 경험을 통합하고, 다양한 발달 수준과 발달 영역, 학습 영역이 통합된 교육활동을 제시한다. 또한 유아의 다양한 발달 수준을 고려하여 한 가지 활동 안에 다양한 수준의 기능적 목표를 설정한다. 예를 들어, 교사가 대집단으로 동화책을 읽어 줄 때, 막 '읽기'를 시작한 유아들을 위해 특정 단어를 지정해 페이지마다 강조해서 짚어 줄 수 있고, '읽기'에 어느 정도 익숙한 유아들을 위해 페이지마다 한 구절이나 한 문장 정도를 교사를 대신해 읽어 주도록 요청할 수 있다.

이상의 특징들을 고려할 때, 주제탐구표현활동은 혼합연령 교실의 다양한 발달 수준과 흥미를 가진 유아들의 통합을 지원하고, 혼합연령 프로그램의 교육적 가치를 실현하는 데 유용한 교육 프로그램이라고 볼 수 있다. 이를 바탕으로 혼합연령 교실에서 주제탐구표현활동의 구조적 특징 및 진행 단계에 따른 구체적인 운영 내용을 살펴보면 다음과 같다.

(2) 구조적 특징에 따른 운영

프로젝트 접근법을 제안한 차드(1994)에 의하면 주제탐구표현활동에서 두드러지게 나타나는 구조적 특징은 토의, 현장 활동, 표현 및 표상, 조사, 전시의 다섯 가지다. 이들 다섯 가지 특징이 주제탐구표현활동의 전 과정에서 내용과 수준을 달리하며 순환적으로 나타난다. 혼합연령 교실의 주제탐구표현활동 역시 이러한 구조적 특징을 보이지만, 운영 방식에는 유아들의 서로 다른 발달 수준을 반영해야 한다. 예를 들어, 주제를 선정하는 토의 활동을 진행하는 경우, 혼합연령 교실에서 토의 방식에 익숙한 유아에 의해 주도적으로 주제가 선정될 우려가 있다. 또한 자신이 원하는 주제를 종이에 써서 낸 뒤 다수결로 결정하는 방식은 쓰기 활동이 어려운 유아들이 있는 교실에서는 적합하지 않다. 그렇다고 혼합연령 교실의 유아를 발달 수준별로 나누어 활동을 진행하는 것은 혼합연령 교실의 교육 목표인 통합의 원리에 부합하지 않는다. 따라서 혼합연령 교실의 주제탐구표현활동은 유아의 발달 수준이나 연령, 성별, 기질 및 성격, 배경에 상관없이 모든 유아의 참여가 가능하도록 계획되고 운영되어야 한다. 혼합연령 교실에서 주제탐구표현활동의 구조적 특징에 따른 적용방법의 예는 〈표 3-2〉와 같다.

〈표 3-2〉 혼합연령 교실에서 주제탐구표현활동의 구조적 특징에 따른 적용의 예

	적용 방법	주제탐구표현활동의 예
토의	-모든 유아에게 동등하게 발언할 수 있는 기회를 줌. -의견을 전달할 수 있는 다양한 매체를 활용함(그림/글/사진/말하기 등).	-가족에 대한 생각 모으기: 토의 시에 한 손에 끼우는 여러 가지 색깔의 얇은 장갑(일명 토의 장갑)을 준비하고 색깔별로 발언 기회를 줌("자, '가족' 하면 무엇이 생각나는지 이번에는 빨간색 장갑을 낀 친구들이 이야기해 보자.")
현장 활동	-전문가 면담 외에 직접 보고, 듣고, 만지는 등 다양한 수준과 특성의 활동들이 가능한 현장 활동을 계획함.	-부모님의 직장(군부대) 방문 활동 계획하기: 군인 아저씨들이 하는 일에 대해 듣고 기록하기, 탱크나 장갑차 관찰하기, 군인 아저씨와 사진 찍기 등(여러 가지 활동을 계획한 뒤, 자신이 맡아서 수행할 역할을 분담함)
표현 및 표상	-다양한 매체를 통한 표상활동을 지원함. -다양한 수준의 표상 도구를 제시하여 자신의 발달 수준이나 흥미에 따라 선택하여 사용하도록 함.	-가족이 사는 집 짓기: 박스로 집의 골격을 세우는 작업, 문이나 창문 등 구멍을 뚫는 작업, 색을 칠하고 꾸미는 작업(색칠하기는 붓으로 칠하기와 스펀지로 물감 찍기의 두 가지 활동으로 준비함)

조사	-문제를 해결하기 위한 자원 및 방법을 다양화함.	-우리 가족 발바닥 찍어오기: 집에 가서 활동을 수행하기 전에 모든 유아들이 순서와 방법을 인지할 수 있도록, 미리 교실에서 교사가 유아 한 명 한 명의 발을 찍으면서 순서와 방법을 인지시킴.
전시	-유아들이 자신이 표상한 것을 자유롭게 전시할 공간을 마련해 줌. -마무리 활동으로 진행될 경우 전시회와 관련된 다양한 역할을 설정해 분담함.	-가족 발바닥 전시회와 관련된 역할 정하기: 발바닥 그림 매달기, 초대장의 그림 그리기, 초대장에 글씨 쓰기, 다과를 위해 과자를 쟁반에 나누어 담기, 손님 안내하기 등

(3) 진행 단계에 따른 운영

주제탐구표현활동은 크게 도입, 전개, 마무리 단계로 구성되며, 도입 단계에 들어가기 전에 주제 선정하기와 교사가 준비 및 계획하는 단계가 있다. 혼합연령 교실에서 주제탐구표현활동의 진행 단계별 운영 방식과 내용을 살펴보면 다음과 같다.

① 주제 선정하기: 혼합연령 교실에서 다양한 발달 수준과 홍미를 가진 유아들을 위한 적절한 주제를 선정하는 것은 매우 중요하면서도 쉽지 않은 일이다. 표상활동이나 현장 조사 등을 특징으로 하는 주제탐구표현활동의 특성상 '평화'나 '갈등' 등의 추상적 주제를 다루는 것은 한계가 있다. 더구나 혼합연령 교실 구성원들의 다양한 발달 수준을 고려할 때 구체성을 가지는 주제를 선정할 필요가 있다. 또한 혼합연령 교실 내 특정 집단의 관심사나 발달 수준만을 반영하는 주제보다는 많은 유아가 주제 안에서 자신의 관심 분야를 찾아낼 수 있는 포괄적 주제를 선정하는 것이 좋다. 예를 들어, 주제로서 '태권도' 보다는 '운동' '오토바이' 보다는 '교통기관' 등이 더 적합할 수 있다. 포괄적인 주제 내에서 특정 분야에 지속적으로 강한 홍미를 보이는 유아들을 하나의 소집단으로 구성하여 따로 소규모의 주제탐구표현활동으로 운영할 수 있다.

② 준비 및 계획 단계: 주제가 결정되면 본격적인 활동이 시작되기 전에 교사는

예상 주제망을 짜고, 중요한 사건들을 계획하며, 활용 가능한 자원들을 수집한다.

③ 도입 단계: 교사는 유아와 함께 주제에 관한 생각을 모으고, 이를 바탕으로 주제망을 구성하며, 주제에 대해 궁금한 것들을 모아서 질문 목록을 만든다. 이 과정에서 유아들의 서로 다른 발달 수준이 고려되어야 한다. 연령이나 발달 수준이 높은 유아가 주도적으로 활동에 참여하는 것은 자연스러운 일이다. 혼합 연령 교실에서는 나이 어린 유아도 시간이 지나면 나이 많은 유아 집단에 속하기 때문에 나이 많은 유아의 주도적 참여를 지나치게 경계하거나 우려할 필요는 없다. 그러나 연령이나 발달 수준이 낮은 유아가 도입 단계의 토의 과정에서 전적으로 배제되거나 그들의 발달 수준을 전혀 고려하지 않은 진행 방식 때문에 소외되지 않도록 주의해야 한다.

- 토의 진행 방법: 교사는 의견을 가진 모든 유아가 동등한 발언의 기회를 가지도록 하고, 자신에게 가장 적합하고 편안한 방식으로 의견을 표현할 수 있는 매체를 개발하여야 한다. 예를 들어, 대집단 토의 시 '색깔 매트'를 사용하는 경우다. 교사는 대집단 활동 공간에 몇 가지 종류의 색깔 동그라미를 붙이고 동그라미 1개에 1명이 앉도록 지시한다. 교사는 특정 색의 동그라미 위에 앉은 유아에게 먼저 발언권을 줄 수 있다(예: "오늘은 빨간 동그라미 위에 앉은 친구들부터 말해 볼까요?"). 유사한 방법으로, '토의 인형' 혹은 '발언 마이크' 등이 활용될 수 있다. '토의 인형'의 경우 교사가 처음 토의 인형을 건넨 유아부터 발언을 시작하여 다음 토의 인형을 건네받은 유아가 발언한다. 유아는 자신이 원하는 유아에게 인형을 건넬 수도 있고, 교사가 정한 원칙(예: 남아와 여아를 번갈아 등)에 의해 인형을 건넬 수도 있다. 토의를 진행하는 교사는 '이 주제에 대해서 특별한 흥미를 가지고 있는 유아는 누구인가?' '지난 토의에서 발언권을 얻지 못한 유아는 누구인가?' '특별히 발언의 기

회를 주어야 할 유아는 누구인가?' 등을 고려하여 토의를 계획한다. 예를 들어, 순발력이나 자신감이 부족해 발언하지 못하는 유아가 있다면 교사는 그 유아가 앉은 동그라미 색깔에서부터 발언 기회를 부여할 수 있다. 혼합연령 교실에서는 모든 유아에 대한 일상적 관찰을 기반으로 한 교사의 보이지 않는 개입과 배려가 중요하다.

- 질문 목록 작성 방법: 질문 목록 만들기는 한 번에 끝내는 것이 아니라 일정 기간 동안 유아가 계속해서 질문을 모을 수 있도록 질문 목록 상자를 마련해 두면 좋다. 질문 목록을 작성하는 방법 역시 전통적인 '쓰기' 방식과 함께 다양한 발달적 수준과 흥미를 반영할 수 있어야 한다. 아직 글을 쓸 수 없는 유아는 그림으로 표현하거나 교사나 더 나이 많은 유아의 도움을 받아 쓸 수 있고, 소형 녹음기를 사용하여 자신의 목소리로 녹음할 수도 있다.

질문 목록 작성이 마무리되면 교사는 각각의 질문을 어떠한 방식으로 탐구하며 표현할지 예상 활동안을 작성한다. 어떤 활동은 일상생활을 통해, 어떤 활동은 흥미 영역에서의 자유 놀이를 통해, 어떤 활동은 대집단 혹은 소집단 활동을 통해 다양하게 진행될 것이다.

④ 전개 단계: 전개 단계에서는 도입 단계에서 작성한 주제망과 질문 목록, 교사의 예상 활동안을 중심으로 하나하나 궁금한 것을 해결해 나간다. 흥미 영역을 주제와 관련하여 재배치하고 구성하며, 표상 활동 결과물을 지속적으로 전시해 나가는 것은 유아의 일상생활과 놀이를 주제와 통합하는 데 기여하며, 주제에 대한 지속적인 관심과 확장을 이끌어 낼 수 있다. 전개 단계에서의 대집단 활동 역시 한 가지 활동 안에 다양한 발달적 요구가 수용될 수 있도록 한다. 소집단은 보다 개별 유아의 발달적 요구와 흥미를 반영하여 운영할 수 있도록 주제탐구표현활동이 진행되는 동안 구성과 해체를 자유롭게 반복하며

융통성 있게 운영하도록 한다. 대집단, 소집단 활동에 사용된 자료나 결과물들은 흥미 영역의 교구로 비치될 수 있다. 이를 통해 유아는 개별적으로 특정 기술을 연습하거나 놀이로 확장할 수 있는 기회를 얻게 되며, 또래 간 모방 학습이나 또래 교수도 촉진될 수 있다.

- 현장 활동: 전개 단계에서 빼놓을 수 없는 중요 사건은 현장 활동이다. 일반적인 주제탐구표현활동에서와 마찬가지로 유아는 어디로 가서, 누구를 만날지, 무엇을 보고, 무엇을 물어보며, 무엇을 가지고 돌아올지 등을 결정한다. 이때 교사는 현장 활동 안에 유아들의 다양한 발달 수준이 반영되도록 계획한다. 어떤 유아는 직접 질문 목록을 쓰고 현장 조사를 통해 경험하고 알게 된 것을 기록한다. 반면 어떤 유아는 오가는 길에 다양한 것을 보고 만지고 체험하며, 안전하게 다녀오는 것을 통해 더 배울 수도 있다. 또 어떤 유아는 현장에 나가 직접 무엇인가를 만져 보고 느껴 보고 체험해 봄으로써 배울 수도 있다. 또한 현장 활동 후의 표상 방법 역시 유아의 수준과 흥미에 따라 다양한 매체를 통해 이루어질 수 있도록 지원해야 한다. 즉, 혼합연령 교실의 교사는 교육활동의 계획과 운영, 평가의 모든 단계에서 다양한 발달 수준과 흥미를 포괄할 수 있도록 배려해야 한다.

⑤ **마무리 단계**: 모든 활동을 마무리하는 단계로 중요 사건은 종결 행사다. 그동안 진행해 온 활동의 과정과 결과물을 다른 사람들과 공유하는 것이다. 이를 통해 유아는 진행된 활동의 여정을 다시 한 번 돌아보고 평가할 수 있는 기회를 얻는다. 그러나 진행된 모든 활동을 다 보여 줄 수는 없으므로 유아와 교사는 종결의 의미를 가장 잘 담을 수 있는 활동을 선택해야 한다. 이때도 마찬가지로 교사는 유아가 다양한 분야에서 자신의 발달 수준과 흥미에 따라 다양한 역할과 기능을 수행할 수 있도록 풍부한 역할과 기능을 포함하는 행사를 계획해야 한다. 혼합연령 반에서 활용될 수 있는 마무리 행사는 전시와 역할극, 주제극,

부모참여 활동 등이 있다.

4) 혼합연령 교실에서 주제탐구표현활동 운영 시 유의 사항

(1) 장기 및 단기 교육과정 수립하기

혼합연령 교실은 2～3년 이상 교사와 유아들의 관계가 유지된다. 따라서 교사들은 단기 교육과정뿐만 아니라 장기 교육과정에 대한 계획을 수립하여야 한다. 물론 특정 해에 다룬 주제를 그 다음 해에 다시 다루기도 한다. 주제는 같더라도 그 주제를 수행하는 유아들의 발달로 인해 전혀 다른 활동들로 구성될 수 있기 때문이다. 그러나 교사의 특별한 의도에 의해 반복되는 주제가 아니라면 주제나 활동들이 겹치지 않도록 교육과정을 운영해야 할 것이다. 이를 위해서는 특정 주제를 언제, 얼마 동안 다루었는지에 대한 정보와 함께 특정 주제 내에서 각 유아가 어떠한 활동을 수행하였는지에 대한 구체적인 정보도 필요하다. 교사는 유아의 활동을 평가하고 기록하며, 이를 단기 및 장기 교육과정 수립에 활용한다.

(2) 유아와 함께 교육과정 계획하기

다양한 발달 수준과 흥미를 가진 유아들의 의견을 반영한다는 것은 결코 쉬운 일이 아니다. 그러나 교사는 끊임없이 다양한 유아들의 의견을 수용하고, 조정하는 과정을 통해 유아들을 교육과정의 계획과 운영에 참여시켜야 한다.

(3) 열린 활동으로 구성하기

혼합연령 교실에서 범하기 쉬운 실수는 한 교실에서 생활하는 유아들을 발달 수준별로 구분하여 여러 개의 소집단을 대상으로 교육과정을 운영하는 것이다. 그러나 혼합연령 교실의 교육적 가치는 다양한 발달 수준과 능력, 배경, 흥미 등을 통합하는 데 있다. 따라서 교사는 발달 수준으로 유아를 구분하려는 시도를 지양하고, 계획하는 모든 교육활동에 있어 유아의 다양성을 최대한 수용할 수 있는 열린 교육과정(open-ended curriculum)을 지향하여야 한다.

(4) 모두를 참여시킬 수는 없다 혹은 모두를 참여시켜야 한다

다양한 발달 수준과 흥미를 고려해야 한다고 해서 혼합연령 교실의 모든 유아가 특정 활동에 참여해야 하는 것은 아니다. 반대로 모든 유아가 참여할 수 있는 활동을 계획하는 것이 애초에 불가능하다고 여기거나 어렵다고 느껴 발달 수준에 따라 구분된 활동을 계획하여 시도하는 것도 잘못된 적용이다. 교사는 혼합연령 교실에서 일어나는 교육활동에 되도록 많은 유아의 발달 수준과 관심이 반영되도록 계획하되 그것에 참여할지는 유아의 선택에 맡길 수 있어야 한다. 앞서 강조된 바와 같이 혼합연령 교실의 가장 큰 교육 방식은 모방 학습과 또래 교수다. 교사가 몇 명의 유아들과 수행한 활동이 다른 유아의 일상생활에서 혹은 흥미 영역의 자유놀이에서 혹은 또 다른 소집단 활동에서 자연스럽게 전달되고 확장되도록 하는 것이 바람직하다. 따라서 교사는 단순히 유아의 참여 여부보다는 유아들 사이에 자발적이고 풍부한 상호작용을 지원할 수 있는 방안에 더욱 주의를 기울여야 한다.

6. 교사의 역할

혼합연령 교실의 성공에 영향을 미치는 여러 요인 중에서 무엇보다 중요한 요소는 교사다. 교사는 교실에서 유아와 상호작용하면서 아동의 학습을 돕는다. 혼합연령 교실의 장점을 살려 아동의 발달을 향상시킬 수 있는 최적의 학습 환경을 구성하기 위해서는 교사 스스로의 교육관 정립과 교사가 지니는 역할들에 대한 확인이 필요하다.

이 장에서는 혼합연령 교실 교사가 지니는 교육에 대한 가치들에 대해 생각을 정립하고, 교사의 역할을 다면적으로 확인한다. 또 혼합연령 교실에서 교사가 흔히 범하기 쉬운 실수들을 점검하여 효과적인 혼합연령 교실 운영을 계획하고자 한다.

1) 교사의 교육관

효과적인 혼합연령 프로그램을 운영하기 위해서는 무엇보다 혼합연령에 대한 교사 자신의 철학을 정립하는 것이 중요하다. 이러한 교사의 철학은 학급운영의 방향을 이끌어 가며, 프로그램을 구성하고 평가하는 기초가 된다. 교사 자신의 생각을 정립하여 혼합연령 교실을 위한 철학을 만들어야 한다.

교사가 혼합연령 교실에 대한 생각을 정리하는 데 다음의 질문들은 도움을 준다.

- 유아는 어떻게 발달하는가?
- 유아의 학습동기는 무엇인가?
- 유아는 무엇을 배워야 하나?
- 유아를 위한 교사의 역할은 무엇인가?
- 부모와 보호자의 역할은 무엇인가?
- 유아의 발달과 교육에서 환경의 역할은 무엇인가?
- 유아의 성장을 어떻게 평가할 수 있나?
- 유아의 성장과 교육을 위해 혼합연령 교실은 무엇을 할 수 있나?

이러한 질문에 답을 찾는 과정에서 혼합연령 교실을 운영하는 교사는 자신의 교육관에 대해 다시 생각하게 된다. 또 이렇게 정리한 교사의 교육관은 교실에서 실현할 수 있는 구체적인 방법들을 시사해 준다.

2) 교사의 역할

3세에서 5세까지의 유아가 같은 교실에서 학습하는 혼합연령 교실에서 교사는 유아 하나하나의 필요를 섬세히 파악하는 관찰자다. 또한 유아에게 최적의 학습이 이루어지도록 물리적 · 인적 환경을 구성하는 환경제공자다. 교사는 유아 간의 상호작용과 학습을 촉진하는 안내자이며, 유아의 발달을 가늠하고 그에 따르는 필요를 파악하는 평가자로서의 역할을 갖는다.

(1) 관찰자로서의 교사

혼합연령 교실에서 무엇보다 우선되는 교사의 역할은 정확하고 섬세한 관찰자의 역할이다. 서로 다른 발달 수준에 있는 유아들의 필요를 파악하고 그 필요를 충족시킬 방법을 적절히 제공하는 것이 혼합연령 교실의 성패를 좌우하기 때문이다.

혼합연령 교실에서 관찰자로서의 교사의 역할은 다음과 같다.

- 개별유아의 발달 수준에 대한 관찰이 필요하다. 유아 하나하나의 필요를 파악하기 위해 그들의 발달에 대한 이해가 우선되어야 한다.
- 교사는 교실의 전반적인 사회적 관계에 대해 파악해야 한다. 혼합연령 교실의 상호작용은 단일 연령교실보다 훨씬 역동적이다. 학습상황에서 개별 유아뿐만 아니라 유아 사이에 형성되는 사회적 관계와 그 흐름을 파악하는 것이 중요하다.
- 교구와 학습활동의 적절성을 검토해야 한다. 유아들의 학습활동을 관찰하며, 활동 결과물에 대해 분석하여 난이도나 준비 정도의 차이로 인해 소외되는 유아가 없도록 배려해야 한다.
- 학습활동의 효과에 대해 관찰해야 한다. 유아들에게 각자의 흥미에 따라 효과적인 학습활동이 진행되고 있는지 확인해야 한다.

이러한 관찰의 결과는 교실의 다음 활동을 계획하는 데 중요한 기초 자료가 된다.

(2) 환경제공자로서의 교사

유아는 마치 스펀지가 물을 빨아들이듯 자신이 처한 환경으로부터 경험하는 모든 것을 흡수한다. 유아의 발달 수준의 차이 때문에 혼합연령 교실은 단일 연령교실에 비해 환경구성에 더 많은 배려가 필요하다. 무엇보다도 교실 안의 다양한 사회관계가 서로 발전적 방향으로 나아가게끔 하는 교실 분위기가 필요하다. 서로 다른 수준의 눈높이에서 유아의 학습동기를 자극하는 매력적이고 융통성 있는 환경의 구성이 필요하다.

① 사회적 환경제공자

교실에는 교사와 유아, 유아와 유아 사이에 많은 사회적 관계가 형성된다. 혼합연령 교실에서는 다양한 연령 수준이 한 교실에서 학습하는 특성 때문에 단일연령 교실에는 없는 독특한 관계가 형성될 수 있다. 나이 든 유아와 나이 어린 유아의 일대일 관계뿐만 아니라 또래 집단 내의 지지와 경쟁의 관계, 나이 많은 또래 집단과 나이 어린 또래 집단 간의 관계 등 복잡한 사회적 관계가 형성된다. 교사는 이러한 관계를 효과적으로 조율하여 서로의 발달을 격려할 수 있는 분위기를 만들어 가는 역할을 한다. 나이 많은 유아는 윗사람으로서의 권위와 책임은 물론이고, 동생들을 배려하는 역할을 경험하고, 나이 어린 유아는 권위를 존중하고, 협력적인 문제해결력을 기를 수 있는 분위기가 형성되도록 한다.

② 물리적 환경제공자

교사가 준비하고 제공하는 물리적 교실 환경은 유아의 학습동기에 직접적인 영향을 미친다. 학습은 유아 자신이 흥미로워하는 방법으로 진행될 때 가장 효과적일 수 있다. 교사는 서로 다른 발달 수준의 유아가 스스로의 활동을 선택하여 탐구할 수 있도록 다양하고 융통성 있는 물리적 환경을 구성해야 한다.

③ 안내자로서의 교사

혼합연령 교실의 교사에게는 지식의 전달자나 교육과정의 구성자로서의 역할보다는 교실에서 자신의 흥미에 맞는 활동들을 유아 스스로 찾아 학습할 수 있도록 돕는 안내자의 역할이 강조된다. 피아제는 유아의 흥미에 기초하여 활동이 진행되고 유아가 다양한 자료를 사용하여 활동에 적극적으로 참여할 때 학습이 가장 잘 이루어진다고 보고 유아의 학습을 촉진시킬 수 있는 안내자로서의 교사의 역할을 강조했다. 다양한 수준에서 학습경험이 형성될 수 있도록 의도적 또는 비의도적 상황을 이용하는 교사의 능력이 요구된다.

교실에서 구체적인 안내자로서의 교사의 역할은 다음과 같다.

- 유아의 일상적 생활을 통해 일어나는 우연한 경험을 학습활동으로 확장시킨다.
  미처 예상하지 못한 우연한 사건이 생긴 경우, 교사는 조언과 질문을 통해 유아에게 학습의 기회를 제공한다.
- 학습경험이 일어날 만한 장소, 시간 등을 고려하여 유아를 안내한다.
  미리 일어날 만한 사건을 예측하여 유아의 흥미를 유발하고, 필요한 자료를 준비하여 그 사건을 통해 얻을 수 있는 효과가 극대화되도록 계획한다.
- 유아의 협력적 학습 경험을 격려한다.
  같은 사건에 대해서도 서로 다른 생각을 가진 유아가 모인 교실에서는 다양한 수준에서 학습경험이 형성될 수 있다. 협력적 학습기회가 형성될 수 있는 혼합 연령 교실의 장점을 살리도록 교사의 적절한 안내가 필요하다.

④ 전문가로서의 교사

유아에게 교사는 학습의 모델이 된다. 교사가 교실에서 열정적 · 진취적으로, 탐구하며 활동하는 모습을 유아는 보고 배운다.

- 교사는 자신의 능력과 자질을 향상시키기 위해 계속 노력해야 한다. 유아의 발달에 대한 이해, 부모와의 대화 협력 기술, 더 좋은 교육방법 등을 찾기 위한 지속적인 노력이 필요하다.
- 주변의 자원들을 활용할 수 있어야 한다. 유아의 경험, 학습을 도울 수 있는 지역 사회의 자원이나 인적자원의 활용을 모색한다.
- 유아의 가족에 대한 이해가 필요하다. 부모와의 협력을 통해 또는 유아의 가정과 교사와의 연계를 통해 일관성 있는 학습을 도모할 수 있다.

3) 혼합연령 교실을 운영하며 교사가 저지르기 쉬운 실수

연령에 따른 학급 구분에 익숙했던 교사들은 혼합연령 교실을 운영하면서 다음과 같은 오류를 범하기 쉽다(Stone, 1996).

(1) 연령별 교육과정 가르치기

혼합연령 교실의 교사는 교육과정을 가르치는 것이 아니라 유아를 가르치는 것에 중점을 두어야 한다. 어떤 교사들은 혼합연령 안에서 각각의 연령에 따라 다른 교육과정을 적용하려 한다. 혼합연령 교실은 세 개의 분리된 연령이 한 교실에 함께 있는 것이 아니라, 혼합연령 학습자들이 모두 함께 어우러진 한 학급을 의미한다. 혼합연령 교사는 유아들을 서로 다른 단계에서 학습하는 과정에 있는 혼합된 연령의 학습자들로 보아야만 한다.

(2) 유아를 능력 수준에 따라 선별하는 것

혼합연령 교실을 구성할 때 유아들을 능력에 따라 선별하는 실수를 하기 쉽다. 어떤 교사는 3세에서 5세의 혼합된 연령 중 낮은 능력을 지닌 모든 유아들을 하나의 혼합연령 교실로 구성하는 경우가 있다. 어떤 경우는 평균 이상의 능력을 지닌 유아만을 선별한 혼합연령 교실을 구성하기도 한다. 이런 경우를 부모들이 선호하기도 한다. 하지만 평균 이상의 유아들만을 선별한 혼합연령 교실도 바람직하지 않다. 이는 유아의 성장을 촉진하는 환경이라기보다는 폐쇄된 경쟁적 교육환경이 되기 쉽다. 혼합연령 교실은 이질적 학습자의 집단일 때 가장 효과적이다. 하나의 교실에 우수하고, 보통이고, 낮은 수준의 학습자들이 섞여 있는 것이 가장 바람직하다. 학습 수준의 다양성을 지닌 균형잡힌 교실은 가장 양호한 교수학습 분위기를 만든다. 부모와 교사는 능력에 의해 집단을 구분하려는 유혹을 받을 수 있지만 이는 혼합연령 교실에서 얻을 수 있는 많은 장점을 잃는 것이다.

(3) 나이 많은 유아의 요구를 배려하지 못하는 것

혼합연령 교실에 처음 온 많은 부모들과 교사들은 혼합연령 교실에서 나이 많은 유아를 보고 의아해 한다. 이 아이가 더 어린 유아들의 집단에서 충분히 도전받을 수 있나 하는 것이다. 혼합연령 교사는 모든 유아의 요구에 초점을 두지만 나이 많은 유아의 요구에 더 초점을 두어야 한다. 혼합연령 교실의 가장 큰 이익 중 하나는 각각의 유아가 자신의 잠재력까지 성장할 수 있다는 것이다. 단일연령 교실들에서, 교육과정은 얼마나 멀리까지 유아가 갈 수 있는지를 친절하게도 미리 정해 놓는다. 그러나 유아가 3세이더라도, 5세 수준의 언어능력 또는 4세 수준의 수 개념을 가질 수 있다. 혼합연령 교실에서 유아가 도달할 수 있는 목표에는 한계가 없다.

(4) 부모와 협력하지 못하는 것

성공적인 혼합연령 교실에는 부모, 동료들, 관리자들이 처음부터 함께 참여한다. 처음 혼합연령을 하는 교사들은 부모들이 교사가 무엇을 하는지 이해하지 못한다고 불평한다. 처음부터 부모 이해는 중요하다. 부모들은 혼합연령 교실에 대한 신뢰와 안정감을 얻기 원한다. 교사는 혼합연령 교실을 시도하기 전에 부모들을 만나고 교육의 목표를 나누어야 한다.

7. 교수학습방법

1) 일반적인 교수학습방법

혼합연령 교실의 교사는 제7차 유치원 교육과정이 지향하는 유아 중심적, 놀이 중심적, 영역 통합적 원리에 기반하여 교수학습방법을 선택하고 실행한다(다음의 Box 참고). 교사는 유아의 발달적 요구를 민감하게 파악하고, 양질의 인지적 · 사회적 · 환경적 자극을 구성하여야 한다. 이를 통해 유아는 자기 자신은 물론이고 또래와 교사, 자연물을 포함한 주변 환경과의 의미 있는 상호작용을 통해 발달을 이루어 나간다.

제7차 유치원 교육과정의 교수학습방법

- 유아의 발달과 흥미를 고려한 놀이 중심의 통합적 교육 활동 전개
- 하루 중 동적인 활동과 정적인 활동, 실내 활동과 실외 활동, 개별 활동과 소집단 · 대집단 활동, 유아 주도 활동과 교사 주도 활동의 균형 있는 운영
- 유아의 또래 및 교사, 주변 환경과의 다양한 상호작용 지원
- 긍정적이고 수용적인 사랑과 정성이 담긴 언어와 태도로 상호작용
- 교육 활동별 특성에 따라 다양한 질문을 통한 창의적 사고 유도
- 개별 유아의 잠재력이 최대한 발현되기 위한 지속적인 관찰과 적절한 지도
- 주변의 다양한 자료와 자연물을 통한 직접적이고 구체적인 경험 지원
- 계절, 주제, 행사 및 유아의 요구에 따른 흥미 영역의 재구성
- 시간 연장제와 종일제의 오후 일과는 오전 교육 활동의 반복 혹은 지식 및 기능 위주의 교육을 지양하고, 편안한 휴식과 함께 바깥놀이와 개별 유아의 특성을 고려한 놀이 중심 활동으로 운영

(1) 발견학습 지원하기

발견학습은 교사가 유아에게 직접적으로 정보를 제공하는 설명적 학습과 반대 개념이다. 발견학습을 유도하는 환경에서 유아는 혼자 혹은 또래들과 사물 및 사건들의 관계와 개념, 원리 등을 발견한다. 이는 유아가 스스로 지식을 구축해 나가도록 독려한다는 점에서 더 의미가 있다. 교사는 교실 환경을 계획함으로써 유아의 발견학습을 촉진시킬 수 있다. 교실에서 유아는 흥미 영역별로 제공된 놀이 자료를 탐색한다. 탐색 후에는 놀이 자료 간의 관계를 찾아내고 문제를 해결하며, 일반화를 이끌어 낸다. 그러나 모든 유아의 발견학습이 교사의 계획에 의해서 가능한 것은 아니며 그렇게 되어서도 안된다. 발견학습은 목적과 방향성을 가진 의도적인 활동일 뿐만 아니라 개방적인 활동으로 진행되어야 한다. 유아는 교사의 목표나 의도를 뛰어 넘을 자유를 가지고 있어야 한다.

(2) 질문하기

질문하기는 흥미 영역별 활동이나 주제탐구표현활동, 소집단 학습 활동에서 조력자로서 교사가 사용할 수 있는 중요한 교수전략이다. 적절하게 질문하기 전략을 사용하는 교사를 통해 유아는 자기 주도적 학습을 지속하게 된다. 교사가 사용할 수 있는 질문하기 전략에는 두 가지가 있는데, '수렴적 질문하기' 전략과 '확산적 질문하기' 전략이다. 수렴적 질문하기는 하나의 올바른 답을 요구하는 질문인 반면, 확산적 질문하기는 다양한 답변을 도출해 낼 수 있는 질문으로 유아가 분석, 평가, 통합, 이해, 일반화, 유추, 적용과 같은 더 높은 수준의 사고 기술을 사용하도록 돕는다. 혼합연령 교실의 교사는 질문하기 전략을 통해 유아의 비판적 사고 기술을 증진할 수 있어야 한다. 질문하기 전략을 통해 유아가 관찰하고, 결론짓고, 일반화하고, 평가하는 과정을 경험할 수 있도록 해야 한다.

(3) 협력학습 지원하기

협력학습은 혼합연령 교실에서 또래 간 학습과 상호작용을 촉진할 수 있는 방법

중 하나다. 혼합연령 교실에서 협력학습은 흥미 영역별 활동이나 주제탐구표현활동, 소집단 학습 활동 등 어디에서나 일어날 수 있다. 소집단에서 일어나는 협력학습은 혼합연령 교실의 어린 유아들에게는 비형식적인 방식으로 이루어진다. 반면, 더 나이 든 유아들의 협력학습에서는 소집단별 보상이나 순위 매김 경쟁 등을 활용할 수 있다. 그러나 연령에 상관없이 협력학습에 대한 동기는 교사나 외부 환경으로부터의 강요가 아닌, 유아 스스로의 자발성에 기초하여야 한다. 비형식적인 방식의 협력학습을 통해 유아는 서로에게서 배울 기회를 가지기 때문에 유아에게 이롭다. 더 나이 든 유아는 어린 유아들을 위해 비계를 제공함으로써, 어린 유아가 자신의 현재 능력을 뛰어넘는 과제를 수행할 수 있도록 지원한다. 혼합연령 교실의 유아들에게는 종종 '인지적 갈등' 상황이 발생한다. 어떤 것을 한 가지 관점으로 보는 유아가 다른 유아에게 자신의 관점을 정당화시키기 위해 질문한다면, 두 유아는 인지적 성장의 기회를 얻게 되는 것이다. 교사는 이러한 상황을 적절하게 활용하여 두 유아가 모두 인지적 이득을 얻을 수 있도록 개입할 수 있다.

(4) 관찰하기

혼합연령 교실에서는 다양한 발달적 요구와 흥미를 가진 유아가 자신만의 발달적 시간표에 따라 성장해 나간다. 단일연령 교실의 교사는 특정 연령에 적용되는 발달적 규준을 기준으로 각 유아가 평균 범위의 어느 지점에 위치하는지를 확인하여 유아를 평가한다. 반면 혼합연령 교실에서 평가의 기준은 타인에게 있지 않고 개별 유아 자신에게 있다. 즉, 교사는 각 유아의 과거와 현재를 비교하여 무엇이 얼마나 달라졌는지를 통해 유아를 평가하고 미래의 계획을 수립한다. 이를 위해 유아의 일상생활과 놀이 상황, 소집단 · 대집단 활동, 교실 내에서의 사회적 상호작용 등에 관한 자료를 지속적으로 수집하게 된다. 이때 유아의 행동이나 수행에 대한 주관적 평가 자료를 수집하기보다, 객관적인 관찰 자료를 수집하는 것이 바람직하다. 교사의 평가는 상황에 의해 영향을 받으므로 일정 수준 이상의 객관적인 관찰 자료가 수집된 이후에 다시 자료에 대한 관찰을 통해 평가를 내린다.

(5) 설명하기

혼합연령 교실에서는 유아 주도의 발견적 학습을 지향하지만 교사나 나이 많은 유아에 의한 설명하기 전략도 필요하다. 특히 또래 간의 설명하기 전략을 지원하는 것은 설명을 하는 유아나 설명을 듣는 유아 모두에게 발달적으로 이득이 있다. 설명을 하는 유아는 자신이 알고 있는 지식을 조직화하고, 상대방이 이해할 수 있는 수준을 조망하여, 언어적으로 표현해야 하는 인지적 과정을 경험한다. 설명을 듣는 유아는 자발적 동기에 의해, 자신보다 조금 유능한 또래로부터 놀이 상황과 같은 자연스러운 맥락에서 설명을 듣게 되므로 상황에 보다 집중할 수 있게 된다. 혼합연령 교실에서 새로운 놀이 자료를 소개할 때 교사는 자료에 흥미를 보이는 몇 명의 유아를 대상으로 사용 방법을 설명한 뒤, 놀이 자료를 흥미 영역에 비치한다. 그리고 유아 간 설명하기 전략을 지원함으로써 다른 유아가 또래로부터 사용 방법을 학습할 수 있도록 하고, 유아 간 상호작용을 촉진한다.

(6) 모방하기

모델링은 혼합연령 교실뿐만 아니라 일반적인 교실 상황에서도 유용한 교수 전략이다. 특히 혼합연령 교실에서는 교사나 나이 많은 유아의 행동에 대한 모델링이 빈번하게 일어난다. 교사는 먼저 관심을 보이는 몇 명의 유아와 함께 계획된 교육 활동을 시작한다. 가장 먼저 구성된 소집단에서는 유아가 교사의 행동을 모델링한다. 그 다음으로 구성된 소집단에서는 유아가 교사뿐만 아니라 먼저 참여했던 유아의 행동을 모델링한다. 이러한 과정을 통해 교사는 유아가 자신의 흥미에 따라 활동에 참여하는 시점을 정할 수 있도록 하는 것은 물론이고 서로에게서 배우는 또래 교수를 지원할 수 있게 된다.

(7) 문제 해결을 통한 학습 지원하기

혼합연령 교실에서는 다양한 인지적 · 정서적 문제 해결 상황이 발생한다. 이때 교사는 유아가 문제를 해결하기 위해 교실 내의 인적 자원을 활용할 수 있도록 돕는다. 혼합연령 교실 구성원들의 서로 다른 발달 수준과 능력, 배경 등에 대한 지식을 가지고 적절한 상황에 적절한 사람의 도움을 활용하는 능력을 인적 자원의 활용이라고 할 수 있다. 혼합연령 교실에서는 유아를 획일화된 발달 규준에 따라 평가하지 않으므로, 각 유아의 강점이 더 잘 부각된다. '노래를 잘하는 동생' '퍼즐을 잘 맞추는 친구' '글을 잘 읽는 언니' '그림을 잘 그리는 형' '친구들과 사이좋게 지내는 누나' 등은 혼합연령 교실의 유아가 인적 자원의 활용을 위해 타인에 대해 가지고 있는 이미지의 예다.

2) 혼합연령 환경을 지원하는 교수학습방법

(1) 또래 간 학습 지원

혼합연령 교실의 유아는 교사에게서뿐만이 아니라 서로에게서 학습의 기회를 얻는다. 교사는 다양한 발달 수준을 가진 유아들의 활발한 상호작용을 통해 학습이 일어날 수 있도록 지원해야 한다. 나이 어린 유아는 나이 많은 유아와의 협력학습을 통해 이익을 얻을 수 있다. 비고츠키(1978)가 제안한 근접발달지대(Zone of Proximal Development) 개념에 의하면, 나이 어린 유아는 나이 많은 유아의 도움에 의해 잠재적 발달 수준에 이를 수 있다. 또한 혼합연령 교실에 있는 어떤 유아라도, 독자적인 능력으로 성취할 수 없는 과제를 해결하기 위해 다른 유아로부터 때때로 도움을 받을 수 있다. 나이 많은 유아뿐만 아니라 혼합연령 교실의 모든 유아가 서로 배우고 가르칠 수 있다. 교사는 모든 유아가 자신이 무엇을 도울 수 있고, 무엇에 대한 도움을 받을 수 있는지 깨달을 수 있도록 도와야 한다. 또한 모든 유아가 서로 배우기도 하고, 가르치기도 하는 경험을 얻을 수 있도록 공식적 · 비공식적으로 다양한 조합의 또래 간 상호작용을 격려해야 한다.

(2) 멘토링과 리더십 지원

혼합연령 교실의 특징적인 학습 역학 중 하나는, 나이 많은 유아가 나이 어린 유아를 가르치기 위해 주도권을 발휘하는 '멘토링'이다. 멘토링은 나이 많은 유아와 나이 어린 유아 모두에게 인지적 · 사회적 · 정서적 이익이 있다. 나이 많은 유아는 멘토 역할을 위해 교사 역할을 모델링하게 되며, 무엇을 어떻게 가르칠 것인지 판단하고 실행한다. 또한 자신이 누군가에게 도움을 주는 경험을 통해 자존감을 높일 수 있다. 나이 어린 유아는 조금 더 유능한 또래의 안내를 통해 발달적 이득을 얻는다. 또한 나이 어린 유아는 나이가 들면서 마찬가지로 자신보다 어린 유아를 안내하는 멘토링의 기회를 얻는다. 모든 유아가 실제로 '학생'도 되고 '멘토'도 되는 기회를 통해 자존감을 고양시키며, 리더십을 경험한다. 교사는 이를 위해 멘토링이 일어날 수 있는 분위기를 조성하고, 쌍을 이룬 유아가 모두 최대한의 발달적 이득을 얻을 수 있도록 관찰하고 지원해야 한다. 유아의 쌍은 대부분 교사에 의해서 선택되지만, 어떤 경우에는 유아에 의해 선택될 수도 있다.

혼합연령 교실에서 멘토링의 예

교사는 아직 능숙하게 젓가락질을 하지 못하는 만 4세 수인이를 위해 만 5세인 지현이가 도움을 줄 것을 제안했다. 오전 자유놀이시간 동안 수인이는 자신의 젓가락을 가지고 지현이의 도움을 받아 연습을 한다. 지현이는 손가락을 젓가락의 어디에 위치시켜야 하는지 설명하기 위해 자신의 손과 수인이의 손을 번갈아 관찰한다. 마침내 수인이가 손가락을 정확한 위치에 놓고 젓가락을 움직이자 지현이와 수인이는 환하게 웃는다. 점심 식사 시간에 지현이와 수인이는 옆자리에 앉았고, 식사를 하는 동안 지현이는 수인이가 젓가락질을 잘 하고 있는지 확인했으며 지속적으로 필요한 도움을 제공했다.

단일연령 교실에서도 또래 간 멘토링이 가능하지만, 이보다는 젓가락질이 능숙하지 못한 유아가 친구들에 의해 놀림을 받거나 능력이 부족한 아이로 여겨지기 쉽다. 반면 혼합연령 교실에서는 다양한 발달수준을 가진 유아들이 공존하므로 발달적 스펙트럼이 더 넓게 나타난다. 따라서 모든 유아에게 적용될 만한 발달적 규준에 대한 인식이 훨씬 더 유연하다. 이는 혼합연령 교실의 모든 유아가 자신의 발달적 시간표에 따라 발달을 주도해 나갈 수 있는 기회가 더 많음을 의미한다.

(3) 다양하고 유연한 교실 운영

12개월 단위의 단일연령 기준에 의해 학급을 편성하는 것은 매우 임의적인 방식을 통해 유아의 능력을 규정하는 방식이라 볼 수 있다. 또한 학습 능력에 따라 유아를 낮은, 중간, 높은 수준의 교실로 배치한다면 이 역시 유아의 능력을 제한하는 것이다. 이러한 구분은 특히 '낮은' 수준으로 배치받은 유아들을 궁지로 몬다.

이들은 자신이 뒤처진다고 생각하며 그들 자신에게 뭔가 문제가 있다고 느낀다. 모든 유아들에 대한 기대가 동일할 때 낙인은 어쩔 수 없이 생긴다. 혼합연령 교실에서는 개별 유아가 한 개인으로서 존중되고 지속적인 학습을 위한 기회가 지원되기 때문에, 학년이나 연령에 따른 구분이 필요하지 않다. 유예나 월반도 없다. 유예는 모든 유아들에 대해 동일한 기대를 갖고 있는 전통적인 교실의 부산물이다. 그러나 우리가 분명히 알다시피 모든 유아는 동일한 속도로 배우지 않는다. 혼합연령 교실의 목표는 모든 유아를 같은 성취 수준에 올려놓는 것에서, 각 유아의 개별적인 발달을 격려하는 것으로 옮겨 간다.

혼합연령 교실의 집단 구성은 유동적이며 필요나 흥미 주제에 따라 나뉜다. 교사나 유아들에 의해 집단이 구성되며, 필요가 채워지면 그 집단은 해체된다. 집단은 한 명에서부터 여러 명으로 구성될 수 있다. 유동적인 집단 구성은 유아들로 하여금 자신보다 나이가 많거나 어린 유아들과 상호작용할 수 있는 충분한 기회를 제공한다. 모든 집단은, 교사에 의해 혹은 유아들에 의해 구성되었든지, 아니면 필요나 흥미 혹은 주제에 따라 구성되었든지에 상관없이 혼합연령으로 이루어진다. 혼합연령 교실에서는 연령이나 학년에 의해서만 집단이 구성되는 경우는 결코 없다.

혼합연령 교실에서는 개별적인 활동뿐 아니라, 소집단, 대집단, 공식적 집단, 비공식적 집단 등 다양한 형태의 집단 구성이 가능하다. 따라서 교사는 활동 주제의 특성이나 유아의 흥미 등 다양한 상황을 고려하여 융통성 있는 집단 구성 전략을 사용할 수 있어야 한다.

① **대집단과 소집단**

- 대집단: 혼합연령 교실의 유아와 교사 모두가 학습 공동체를 구성하고 있다는 인식을 가져야 한다. 혼합연령 교실에서의 대집단 활동은 단지 교사가 무엇을 가르치는 학습의 기회뿐 아니라, 모두 각자의 관심과 흥미를 나누고 즐기는 기회로 활용될 수 있어야 한다. 대집단 운영 시 교사는 한 가지 활동에 다양한 발달 수준과 폭넓은 관심 주제를 반영하도록 한다. 예를 들어, 대집단 책읽기 활동을 진행할 때, 교사는 유아들의 다양한 읽기 수준과 서로 다른 관심사를 활동에 반영할 수 있다. 읽기가 미숙한 유아들을 위해 자주 반복되는 글자 한 개를 정해 놓고, 책을 넘길 때마다 그것을 짚어 주거나 유아 중 한 명이 나와서 손가락으로 직접 짚어 보게 할 수 있다. 또한 읽기가 능숙한 유아들의 경우에는 책 읽어 주기에 참여하여 교사 대신 한 문장 정도씩을 읽어 주도록 기회를 준다.

  혼합연령 교실의 교사는 대집단 활동을 통해 모든 유아가 각자의 발달 수준에 적합한 자극을 받을 뿐 아니라, 다른 유아의 발달 수준을 인식하고 수용하는 과정을 통해 또 다른 발달적 이득을 얻을 수 있도록 지원해야 한다.

- 소집단: 교사는 공식적 혹은 비공식적인 소집단을 운영함으로써 학습 및 발달을 지원할 수 있다. 집단 구성은 교사 주도적으로 이루어질 수도 있고, 유아들에 의해 이루어질 수도 있다. 전통적으로 소집단은 유아의 능력에 기반을 두고 형성되었으나 혼합연령 교실의 소집단은 유아의 요구와 흥미에 따라 구성되기도 하고 해체되기도 한다. 전적으로 자발적 흥미에 의해 구성된 소집단은 구체적인 활동 목표와 계획을 가지고 활동을 진행하며, 활동이 끝난 후에는 교사와 함께 평가하는 시간을 갖는다. 소집단 운영 시 교사는 발견학습(discovery learning)과 협력학습(cooperative learning)을 지원하도록 해야 하며, 질문하기(questioning)를 통해 소집단의 유아가 다양한 인지 기술을 연습할 수 있는 기회를 제공한다.

② **공식적 집단과 비공식적 집단**

- 공식적 집단화: 공식적인 협력 집단은 주로 주제탐구표현활동과 관련하여 구성되며, 비공식적 집단에 비해 비교적 오랜 시간 지속된다. 주제탐구표현활동의 소집단은 교사 혹은 유아에 의해 구성되며, 집단별로 구체적인 목표와 역할을 정하고 활동을 진행한다. 활동 후에는 초기 수립한 목표의 달성 여부와 활동 과정 중의 사회적 기술 등에 대하여 평가한다.

- 비공식적 집단화: 교사는 협력학습을 위해 비공식적으로 집단화 전략을 사용할 수 있다. 흥미 영역에서 유아는 자발적으로 2인 이상의 집단을 융통성 있게 구성할 수 있다. 주제탐구표현활동 시에는 교사에 의해 혹은 유아 스스로 집단을 구성할 수 있다. 유아는 자신이 속한 집단의 흥미에 따라 함께 작업한다. 이들은 주제탐구표현활동이 진행되는 동안 구체적인 목표를 수립하여 과제를 완수한다. 교실 내의 특정한 문제 해결을 위해 문제해결집단을 구성할 수 있다. 또한 흥미 영역 놀이나 주제탐구표현활동과 관련하여 언제든지 비공식적 친구집단을 형성할 수 있다. 또래 교수를 위해 2인으로 구성된 튜터 혹은 멘토 집단도 구성될 수 있다. 이때 집단 구성원의 선택은 교사 혹은 유아에 의해서 이루어지며, 한 명은 다른 유아의 튜터 혹은 멘토 역할을 한다. 단순히 함께 책을 읽거나, 특정 주제에 대한 의견을 나누기 위해 2인으로 구성된 학습 쌍을 이룰 수 있는데, 이 경우 두 유아의 역할이 구분되지 않는다. 지원 집단의 경우, 유아는 서로를 지원하고 돕기 위해 구성된다.

(4) 유아 중심의 학습을 지원하기

혼합연령 교실에서는 자기 주도적이고 자율적인 유아를 지향한다(Anderson & Pavan, 1993). 자율성은 유아가 자신의 학습에 주도적 역할을 하는 혼합연령 교실의 중요한 요소다. 이를 위해 유아가 자신의 학습에 스스로 참여할 수 있도록 다양한 기회를 주어야 한다. 독립적인 학습자로서, 유아는 교사가 무엇을 하라고 지시할 때까지 기다릴 필요는 없다. 유아는 자신의 학습에 능동적이고 의욕적으로 참여하면서 주도적인 자신을 즐긴다. 자기 주도적이고 자율적인 학습을 격려하고 육성하는 것은 유아의 발달을 위해서뿐만 아니라, 성공적인 혼합연령 교실 운영을 위해서도 중요하다. 유아가 자기 주도적인 학습자일 때 교사는 진정한 의미의 촉진자가 될 수 있다. 교사는 자유로이 소집단이나 개별 유아와 작업하고, 유아들과 그들의 학습 진행에 대해 토의하거나 지도하거나 안내한다.

교사는 유아들을 교과과정에 따라 '몰아가는' 것에서 벗어나 유아가 자신들의 목표를 정하고, 선택을 하는 것을 지켜보며 그들이 평생학습자로의 길에 접어들었음을 본다. 이를 위해 교과과정 중심이 아닌 유아 중심의 학습을 제공한다. 학습은 개인이 지식을 구성하는 과정이기에, 혼합연령 프로그램의 목표와 계획은 개별 유아의 필요와 장점 그리고 흥미에 기반하여 수립된다. 교사는 모든 유아들이 그들의 필요와는 상관없이 사전에 결정된 교과과정을 따르도록 하기보다, 유아 중심의 개별화된 교과과정을 개발하여야 한다.

(5) 개별화와 통합화

혼합연령 교실에서의 개별화 전략은 우선 교사가 특정 연령에 대한 교육과정을 수립하는 것이 아니라, 개별 유아에 대한 교육과정을 수립해야 함을 의미한다. 즉, 교사는 유아 개개인의 발달적 시간표를 가지고, 유아마다 서로 다른 활동 목표와 계획을 세운 뒤 이를 공동체적 학습에 통합시켜야 한다. 유아는 교사에 의해 계획된 환경과 활동 속에서 다른 유아와 상호작용하면서 자신만의 발달적 시간표에 따라 성장해 나간다. 개별화의 또 다른 의미는 유아가 대집단 혹은 소집단 활동을 통해 다른 유아들과 상호작용할 기회를 얻을 뿐 아니라, 필요에 따라 홀로 작업할 수 있는 기회도 제공받아야 함을 의미한다. 개별적인 인지적 숙련이나 몰입이 필요한 경우, 흥미 영역에서의 자유 놀이나 주제탐구표현활동의 진행 과정에서도 개별화된 활동이 가능하다. 개별화의 세 번째 의미는 교사와 유아 간의 일대일 상호작용이다. 교사는 유아가 문제 해결을 위해 활용할 수 있는 인적 자원이라는 측면에서 다른 유아들과 다르지 않다. 즉, 교사는 스스로의 판단에 의해 혹은 유아의 직접적인 요청에 의해 유아와의 일대일 상호작용 전략을 채택하고 적용해야 한다.

8. 부모 및 지역사회와의 협력

1) 부모 참여 및 협력

브론펜브레너는 부모와 지역사회의 환경이 유아의 사회화 과정에 직·간접적으로 영향을 주는 중요한 사회·문화적 환경임을 강조한다. 혼합연령 프로그램을 운영하는 데 있어서도 유아를 둘러싼 가정과 지역사회 환경은 매우 중요한 요소다. 유아가 혼합연령 교실에서 생활하기에 앞서 부모는 혼합연령 프로그램에 대한 이해뿐만 아니라 그것이 그들의 자녀에게 어떠한 긍정적인 영향을 미치는지에 대해서도 명확히 알아야 한다. 따라서 기관에서는 사전 부모교육을 통해 이 같은 정보를 반드시 제공해야 한다. 부모교육과 참여, 지속적인 협력은 성공적인 프로그램 활동 운영에 영향을 미치는 매우 중요한 요인이다. 교사는 이러한 점을 유념하여 혼합연령 프로그램 활동 처음부터 부모가 직·간접적으로 함께 참여하고 협력하여 공동체감과 안정감을 느낄 수 있도록 한다.

부모 참여 및 협력은 혼합연령 프로그램을 이끌어 가는 교사에게도 도움이 된다. 혼합연령 학급은 몇 년간 같은 유아가 유지되므로 교사는 부모들의 참여 및 협력을 통해 개별 유아를 좀 더 잘 이해할 수 있다. 이러한 이해를 바탕으로 교사는 유아의 발달에 도움이 되는 장기적인 계획을 수립할 수 있으며, 가족과 연계하여 유아에 대한 일관성 있는 지도를 할 수 있다. 부모의 지지는 성공적인 혼합연령 교육의 밑거름이 된다. 따라서 교사는 부모의 참여를 이끌어 낼 수 있는 다양한 방법을 제공할 수 있어야 한다.

혼합연령 교실을 준비할 때는 '통합 가족'으로 확대하는 구체적인 방법을 모색해야 한다. 유아의 부모와 가족을 포함하는 '통합 가족'을 활성화시키기 위해서는 가장 먼저 부모로 하여금 학급에 대한 참여를 편안하게 생각할 수 있도록 해야 한다. 교사는 정기적으로 가정에 소식지를 보내고 유아의 포트폴리오에 대한 부모의 코멘트를 작성하게 함으로써 간접적인 참여와 관심을 유도할 수 있다. 부모와 유아가 가정에서 긍정적인 상호작용을 할 수 있는 흥미로운 과제를 계획하여 제공할 수도 있으며, 교실 내의 활동이나 프로젝트에 초대하여 참여하게 할 수도 있다.

교실에서 진행하는 활동에 대한 소식을 게시판을 통해 자주 접할 수 있게 하며, 가족 연계 방안의 하나로 온라인상의 커뮤니티를 만들어 활성화함으로써 교사와 부모 간의 지속적인 대화를 이끌어 가는 것도 좋은 방법이다. 바쁜 직장인인 경우에는 접근성이 용이한 온라인 참여를 통해 자녀의 발달 과정에 대한 이해와 지식을 얻을 수 있으며, 교사는 물론이고 다른 학부모들과의 교류를 통해서도 정보를 주고받을 수 있다. 첫 자녀를 키우는 부모들은 정보 부족으로 인해 자녀 양육의 어려움을 겪는 경우가 많다. 혼합연령 프로그램에서는 부모 참여와 교류를 통해 다양한 연령대의 유아를 경험하고 정보를 얻을 수 있도록 지원할 수 있다. 이처럼 부모는 적극적인 참여와 정보를 통해 자신의 부모로서의 역할을 발달시켜 나갈 수 있다는 점에서 부모 역시 '평생 학습자'의 길에 초대된다고 할 수 있다. 즉, 더 넓은 의미에서 혼합연령 프로그램은 유아와 교사, 부모 모두의 발달을 지원하고 발달적 이득을 공유하는 '발달 공동체' '학습 가족'이라고 할 수 있다.

교사는 자녀를 양육하는 데 있어 부모가 궁금해 할 만한 내용이나 도움이 될 만한 정보 및 최근 자료들을 게시판 또는 홈페이지에 꾸준히 제공하여 지속적인 부모 참여 및 교육을 이끌어야 할 것이다.

2) 지역사회 협력

우리는 지역사회와 가정 그리고 교실의 연계를 통해서 일관성 있으며 효과적인 유아의 성장발달을 도울 수 있다. 혼합연령 프로그램의 발전 및 실행과 관련해서도 무엇보다 중요한 것이 기관과 관리자, 그들을 둘러싼 지역사회 환경의 지지다. 혼합연령 프로그램과 관련된 교사와 기관장은 프로그램의 장단점에 대해 잘 이해하고 있어야 한다. 또한 지역사회에 프로그램을 알리는 대변인으로서 기관과 지역사회를 연계하여 새로운 교육활동을 실행할 수 있는 방안을 찾아 적극적으로 활용하여야 한다.

지역사회 연계교육은 지역사회와 교육기관이 상호 협력하여 교육이 이루어지는 것을 의미한다. 가장 대표적인 교육방법은 경찰서와 소방서, 우체국 등의 관공서를 견학한 후, 그 장소에 대해서 알아보는 것을 예로 들 수 있다. 지역사회 연계교육의 방법은 다양화되는 추세이며 이는 지역 환경과 유아교육기관에 따라서 다르게 나타나고 있다.

외국의 사례를 살펴보면 대학교 및 행정기관이 주축이 되어 지역협력 체제를 구축하기 위한 노력이 활발히 진행되고 있다. 이탈리아 북부 레지오 에밀리아 지역에서 시작된 레지오 에밀리아 접근법은 지역의 사회·문화적 요인과 적절하게 조화되어 있으며, 유아와 교사, 부모, 지역사회 구성원 간의 관계를 통해 교육이 상호 협력적으로 이루어진다. 미국도 각 주 및 지방자치단체가 부모, 유아교육기관 그리고 대학교와 협조적 관계를 맺고 지역 유아교육을 발전시키고 있다. 서구뿐만 아니라 일본도 유아 교육과 보육의 발전을 위하여 지역사회와의 연계를 강조한다.

우리나라의 경우는 유치원 교육과정과 표준보육과정에서 지역사회 연계 교육에 관한 내용을 제시하고 있다. 제7차 유치원 교육과정에서, 유치원은 교육과정을 편성, 운영함에 있어서 지역 사회의 실정 및 사회적 이슈가 융통성 있게 반영되고 지역 사회 및 가정과의 연계 지도에 힘써야 함을 명시하고 있다(교육인적자원부, 2007).

표준보육과정에서도 영·유아가 성장하여 사회에 소속되어 적극적 역할을 담당함으로써 사회에 기여할 수 있는 인간으로 자라기 위해서는 지역사회의 역할이 중요하다고 강조한다. 어린이집의 경우에는 평가인증제가 실시되면서 지역사회 연계교육을 더욱 강화하고 있다. 지역사회 기관과의 협조체제는 영·유아가 가정과 보육시설 외에 지역사회 환경을 보다 친밀하게 이해할 수 있도록 가까운 병원, 경찰서, 도서관, 초등학교, 대학, 동(면)사무소, 공원 관리사무소, 소방서 등을 방문할 기회를 제공하도록 한다. 또한 기관은 영 · 유아와 가족의 다양한 문제를 이해하고, 그들의 특정 문제를 도와줄 전문 기관에 대한 실질적인 정보(종류, 전화번호, 비용)를 가지고 있어, 가족이 전문가를 찾아가 도움을 구할 수 있게 도와주도록 권고하고 있다(보육시설 평가인증사무국, 2009).

이와 같이 유치원 교육과정과 표준보육과정 모두 지역사회의 중요성을 강조하며 구체적인 방법을 설명하고 있다. 따라서 혼합연령 프로그램을 실시하는 데 있어서도 다양한 연령대 아동의 흥미와 관심을 확장시키기 위해서는 지역사회와의 긴밀한 협조체제를 구축하여 현장학습을 위한 기관이나 시설을 마련할 필요가 있다. 또한 지역사회 연계 교육을 위한 교사 재교육과 풍부한 교육 자료와 교구도 충분히 제공하여 유아를 둘러싼 환경에 대한 충분한 이해와 관심을 넓혀야 할 것이다.

9. 평 가

교육과정에서의 평가는 교육목표를 달성하기 위해 유아가 무엇을 알고 있고 무엇을 할 수 있는지 알아내기 위해 정보를 수집하고 해석하는 전반적 과정이다. 평가는 성공적인 혼합연령 교실 운영을 위한 핵심 부분으로 유아의 향상을 기록하고, 교육의 방향을 안내하며 학습을 지원하고, 유아의 발달을 유아 자신과 부모에게 알려 준다.

혼합연령 교실의 평가는 학습주체인 유아의 전반적인 발달에 대한 부분과 프로그램에 대한 평가가 모두 필요하다. 먼저 유아에 대한 평가의 도구로 혼합연령 교실의 특성에 맞는 포트폴리오가 주로 사용된다. 교사들은 포트폴리오 평가를 통해 유아 하나하나를 개별적으로 이해할 수 있고, 유아의 성장을 기록할 수 있기 때문에 혼합연령 교실의 학습자들을 평가하는 데 매우 적절하다고 설명한다. 혼합연령 교실에서 왜 전통적 평가보다 포트폴리오 평가가 더 적절한가? 먼저 전통적인 평가와 성공적인 포트폴리오 평가를 비교한다. 다음으로는 프로그램에 대한 평가를 어떻게 할 수 있는지 살펴본다. 이때 프로그램을 진행하는 과정에서 교사 자신, 유아, 부모의 관점에서 어떻게 느끼고 있는지가 주된 관심이 된다.

마지막으로 교사들이 혼합연령 교실에 쉽게 적용할 수 있는 평가 도구들을 몇 가지 소개한다.

1) 유아에 대한 평가

(1) 전통적인 평가와 포트폴리오 평가

① 전통적 평가

전통적 평가는 교사가 미리 준비한 교육과정을 진행하면서 유아가 어느 정도 계획했던 수준에 도달하였는지를 확인하는 평가 과정으로 주로 평가지나 행동목록 등을 통해 이루어진다.

• 평가는 교육과정에 기초한다

전통적 평가는 유아의 학습발달보다는 교과과정에 대한 지식을 측정한다. 모든 유아는 발달과 요구가 동일하다는 신념에 기초한 교육과정 중심의 단일 연령별 학급구성방법은 모든 같은 연령의 유아가 '일정 수준'에서 그 교육과정을 습득할 것을 기대한다.

• 평가가 유아의 수준을 정확하게 파악하지 못할 수 있다

지금까지 표준화된 평가, 평가지 등이 교육과정의 내용을 습득하였는지 평가하기 위해 사용되어 왔다. 하지만 종이-연필 과제들은 유아가 무엇을 할 수 있고 무엇을 이해하는지에 대해 제한적이고 부정확한 정보를 줄 수 있다.

이러한 평가방법은 혼합연령 교육의 철학과 상반된다. 전통적 평가는 유아의 수준을 결정하고, 서열화하고, 등급을 매기는 데 사용된다. 혼합연령 교실은 교육과

정이 아닌 유아들을 가르치는 데 중점을 두므로 교육과정 중심 평가방법인 전통적 평가방법은 혼합연령 교실의 유아의 성장을 기록하는 데는 부적절하다.

② 포트폴리오 평가

포트폴리오(portfolio)는 정보를 수집하고 종합하여 해석하는 총체적 평가방법으로 영 · 유아가 완성한 그림, 그래프, 쓰기 등 유아의 작품과 활동사진 등을 유아별로 모아 유아의 학습과 발달 정도를 종합하여 가늠하는 평가방법이다.

• 포트폴리오는 유아 하나하나를 개별적으로 평가한다

혼합연령 교사는 의미 있는 상황에서 적극적 참여자로서 유아가 가장 잘 학습할 수 있도록 교수법을 변화시켜 왔다. 그렇기에 평가는 반드시 그런 교수학습맥락 안에서 이루어져야 하며, 유아가 어떻게 배우는지를 보여 주어야 한다. 포트폴리오 평가는 유아가 무엇을 할 수 있고 이해하는지에 초점을 두어 교사가 각 유아의 요구에 맞게 교과과정을 만들 수 있도록 해 준다.

• 포트폴리오는 학습과정을 반영한다

모든 유아는 세상과 적극적으로 의미 있게 상호작용함으로써 자신의 지식을 구성해 간다. 유아는 자기 고유의 학습 발달속도와 능력을 가지며 선호하는 학습의 유형도 다르다. 따라서 혼합연령 교실의 교사는 유아 성장의 촉진자로서 유아의 학습과정을 고려해야 한다. 교사에게 이러한 기준을 제공하는 것이 포트폴리오다. 혼합연령 교사는 부모가 자녀의 성장을 돌보아 주는 것과 같이 자연스러운 학습과정에 중점을 둔다. 포트폴리오를 가지고 혼합연령 교사는 학습과정에서 개별 유아의 성공적인 성장을 기록하고 지원할 수 있다.

• 포트폴리오는 강점을 강조하는 평가다

혼합연령 교사는 유아의 강점을 파악하는 데 포트폴리오 평가를 사용한다. 포트폴리오 평가는 정해진 기준과의 비교가 아닌 유아의 지난 성과와 잠재력에 근거하여 그들을 평가한다. 이런 접근은 유아의 지속적인 향상을 기대하게 하며, 유아 스스로 자신을 경쟁력 있고, 능력 있는 사람으로 볼 수 있게 해 준다.

(2) 포트폴리오 평가의 장점

- 학습과정 존중하기
  학습은 계속적인 과정이지 결과가 아니다. 포트폴리오는 과정을 보여 준다.
- 유아의 개성 존중하기
  유아의 포트폴리오는 고유의 학습연속성 위에 있는 개인으로 그 유아의 향상을 나타낸다. 포트폴리오는 유아 개인의 학습속도와 유형을 반영한다.
- 유아 개인의 성장을 기록하기
  포트폴리오는 학습과정에서 유아 개인의 성장을 기록하여 각 단계가 성공적이었음을 보여 줄 수 있다.
- 유아의 성공, 자신감, 자존감 지원하기
  포트폴리오는 유아의 강점들에 초점을 두어 유아가 자신을 성공적이고 경쟁력 있는 학습자로 여기게 해 준다.
- 유아가 학습과정에 가치를 두도록 격려하기
  포트폴리오가 유아가 스스로 학습에 참여하도록 돕고 그 과정에서 유아의 주도권을 인정하기 때문에 유아는 흥미롭고 긍정적이고, 개인적 경험으로 학습에 가치를 두게 된다. 이 과정에서 유아는 배움의 즐거움을 경험한다.
- 자신의 작업에 대해 세심한 평가자가 되도록 유아 격려하기
  포트폴리오 평가는 유아가 다른 사람의 평가에 늘 의존하기보다는 자신의 작업을 스스로 돌아보도록 격려한다. 자신의 작업에 대해 세심한 평가자로서 유아는 목표를 세우고 학습을 계속한다.
- 교수법을 지원하고 안내하기
  포트폴리오 평가는 유아가 현재 어디에 있고, 다음에 어디로 가야 하는지 알려준다. 이것을 알게 됨으로써 교사는 개별 유아의 학습요구에 맞도록 자신의 교

수법을 조절할 수 있다.

• 어떻게 유아가 학습하는지에 대한 교사의 이해 높이기

관찰하고 성장을 기록하는 과정에서 교사는 유아가 어떻게 그들의 지식을 형성하고 만들어 가는지 보게 된다. 이 중요한 정보는 개별 유아의 성공적 발달을 지원할 교사의 능력을 키워 준다.

• 유아와 부모와 대화를 위한 도구로 제공하기

포트폴리오는 유아의 성장과 발달을 유아와 부모에게 전하는 도구이므로, 유아를 성공적 학습자로 볼 수 있는 기회와 함께 성공을 축하할 수 있는 기회를 준다.

• 평생학습 장려하기

유아가 자신을 경쟁력 있는 학습자로 보게 하여 지속적으로 학습하게 한다. 배움은 교실에서 끝나는 것이 아니라 평생에 걸쳐 계속되는 것이다.

(3) 포트폴리오 평가의 적용

① 포트폴리오 평가의 목적

형식적 또는 비형식적 방법으로 교실에서 유아의 발달을 관찰, 기록, 수집한 자료들은 유아의 성취와 학습정도를 알 수 있도록 도와 다음의 교수활동을 계획하게 한다.

• 유아의 향상과 성장에 대한 기록

포트폴리오는 교사와 유아에 의해 모인 목적 있는 작품의 수집을 의미한다. 교실에서 의미 있는 활동들이 계속되면서 유아의 학습과정에서의 성장을 보여주기 위해 포트폴리오에 작품들이 체계적으로 수집된다. 마치 자녀가 처음 앉고, 서고 걸을 때 부모가 기록하듯 포트폴리오는 성장하고 있는 유아의 기록이다. 교사는 유아가 지속적으로 성장하도록 돕기 위해 포트폴리오 안에 있는 자료들을 적극적으로 평가한다.

• 교수법을 지원하고 안내

교사는 유아의 포트폴리오를 교수법을 지원하고 안내하는 데 사용한다. 포트폴리오 평가는 혼합연령 교실에서 나타나는 유아의 강점과 필요에 대한 정보를 교사에게 준다. 그 결과 교사는 교실에서 자신이 무엇을 유아들에게 제시할지 매우 신중하게 선택할 수 있다.

• 성장에 대한 유아와 부모와의 대화 자료

포트폴리오는 모든 유아가 자신의 성장을 볼 수 있게 해 주어 스스로의 발전에 대해 자부심을 갖게 한다. 또 부모들은 유아의 발달을 구체적 자료로 볼 수 있어, 교사와 공유하며 대화를 통해 유아의 성장을 위해 함께 목표를 정할 수 있다.

② 포트폴리오의 내용

포트폴리오는 유아의 사회적 · 정서적 · 미적 · 신체적 발달을 반영하는 자료뿐만 아니라 유아의 언어, 수학, 사회, 과학, 미술 영역에서 교실 활동을 대표하는 선별된 자료를 담는다.

일반적으로 두 종류의 포트폴리오를 사용한다. 그중 하나는 학습 또는 작업 포트폴리오이며 다른 하나는 전시용 포트폴리오다. 학습 또는 작업 포트폴리오는 처음부터 끝까지 교실에서의 학습과정을 보여 주는 대표적인 작업들을 수집한다. 이 학습 포트폴리오를 거쳐 더 완성된 작품만을 담은 전시용 포트폴리오를 만들고 전시용 포트폴리오는 학교의 행사 때 전시하기도 한다.

유아의 포트폴리오에는 다음의 자료들이 담길 수 있다.

• 수행에 기초한 평가

수행에 기초한 평가는 미리 준비된 상황에서 이루어진다. 교사는 교실에서 수시로 모든 유아에게 같은 평가 활동을 주게 된다. 이는 교사가 시간의 흐름에 따르는 각 유아의 성장과 이해 정도를 추적할 수 있게 해 준다.

• 유아의 활동결과물

교실에서 유아가 작업과 활동을 수행하는 도중에 얻은 결과물을 담는다. 진정한 평가는 유아가 무엇을 암기하였는지보다는 실제로 유아가 무엇을 할 수 있는지를 측정하는 것이다.

• 행동평가목록

행동목록은 유아의 발달 과정에서 보여 주는 기술을 요약한 것으로 유아가 지금 어디에 있고 다음에 어디로 갈지에 대해 한눈에 이해하게 해 준다. 교사들은 종종 언어, 수학 등에서 행동목록을 이용한다.

• 일화기록

교사는 유아가 의미 있는 교실 활동에 참여하는 동안 유아의 강점들, 흥미, 전략과 요구를 관찰하고 기록한다. 이렇듯 '유아 관찰'이라 불리는 일화기록은 교사에게 유아의 학업, 사회적 · 정서적 발달에 대한 통찰력을 준다.

• 사건기록

일화기록과 비슷하나, 사건기록은 유아에게 중요한 일, 의미 있는 사건들 또는 중요한 이해를 더 상세하게 설명한다. 교사는 보통 관찰을 마친 후에 이를 기록한다.

• 유아의 자기평가

유아는 앞으로의 향상을 위한 자신의 목표뿐만 아니라 자신의 일과 향상을 스스로 돌아보는 포트폴리오를 추가한다.

• 상담으로부터 얻은 정보

유아와의 상담 내용을 담을 수 있다. 예를 들어, "유치원 끝나고 무엇을 하고 싶니?" 또는 "생일에 누구를 초대하고 싶니?" 등의 질문이다. 또 교사-유아 상담 중의 대화에서는 유아가 무엇을 아는지, 목표는 무엇인지, 누구를 좋아하고 싫어하는지 그리고 교사의 기대 등이 나타난다.

• 부모의 관찰과 상담자료

가정은 유아의 또 하나의 주 활동 무대다. 가정에서의 부모의 관찰은 교사로 하여금 유아에 대한 이해의 폭을 넓혀 준다. 유아의 특징적 성격에 대한 정보나 상황을 부모와 교사가 공유하는 것은 유아의 발달을 돕는 데 중요하다.

• 시청각 자료

유아의 활동과정을 담은 사진, 오디오 또는 비디오테이프 등의 시청각 자료가 포트폴리오에 담긴다.

혼합연령 교실에서 다양한 발달 수준의 유아들을 평가하기 위해서는 학습과정을 중심으로 개별 유아들의 성장과 강점을 보여 주는 자료들이 수집된 포트폴리오 평가가 적절하다. 또한 포트폴리오 평가는 유아로 하여금 자신의 학습 결과를 즐길 수 있게 해 주어 혼합연령 교실 안의 유아가 성공적 경험에 기초하여 학습의 즐거움을 느끼고 찾는 평생학습자로 성장하도록 돕는다.

2) 프로그램에 대한 평가

프로그램에 대한 지속적인 평가(ongoing assessment)를 통해 정기적으로 혼합연령 프로그램을 개선하고, 수정하며, 원래 목표에 비추어 검증할 수 있다. 프로그램 운영의 전반적인 수준에서 유아들의 필요가 혼합연령 프로그램을 통해 어떻게 충족되는지, 부모와 지역사회 참여는 어떠한지, 추가로 지원이 필요한 것은 무엇인지, 개선될 부분과 잘 진행되는 부분은 무엇인지 계속 살펴볼 필요가 있다.

(1) 교사의 평가

혼합연령 교실의 교사는 다음의 기준들로 프로그램을 평가한다.

프로그램이 혼합연령 교실의 목표와 기준에 적합한지 평가할 때에는 혼합연령의 철학과 특성을 준거로 사용한다. 유아가 어떻게 배우는지, 혼합연령 교실의 목표가 무엇인지를 기억한다.

- 혼합연령반이 유아들의 발달을 적절히 조력하고 있는지……
- 혼합연령반을 운영하면서 가장 좋은 점은……
- 혼합연령반에서 운영하면서 가장 어려운 점은……
- 혼합연령반의 특성을 살린 환경이 구성되어 가고 있는지……
- 교실 내 유아들의 사회적 상호작용의 흐름을 정확히 파악하고 있는지……
- 부모와의 의사소통을 통한 협력이 원활히 진행되고 있는지……

(2) 유아의 평가

프로그램의 평가에는 유아와 부모가 반드시 포함되어야 한다. 교사들은 유아들의 의견을 물어보지 않은 채 자신들의 생각에 유아들에게 좋은 프로그램을 종종 실행한다. 학습 과정에서 유아를 존중한다는 것은 과정에 그들의 의견을 존중함도 의미한다.

① **평가 질문지**

프로그램에 대한 유아들의 의견을 얻을 수 있는 하나의 방법은 질문지다.

	☺	😐	☹
나는 우리 교실에 나와 다른 나이의 친구들이 있어서 좋다.			
나는 우리 교실에서 다른 학생들과 활동하는 것이 좋다.			
우리 교실에 대한 느낌은 이렇다.			
나는 친구들도 혼합연령 교실에서 공부하는 것이 더 좋다고 생각한다.			
우리 교실을 떠나 일반 교실로 돌아갈 때 내 기분은 이렇다.			
언젠가 또 다른 혼합연령 교실에 가고 싶다.			
혼합연령 교실이어서 가장 좋은 것은……			
우리 교실에서 만약 바꿀 수 있는 것이 있다면, 그것은……			

② **면담**

문자해독이 어려운 유아와는 면담이 유아들의 의견을 물어볼 수 있는 훌륭한 방법이다.

- 혼합연령 교실에 있을 때, 나의 느낌은……
- 혼합연령 교실에서 가장 좋은 것은……
- 혼합연령 교실에서 나이 차이가 있어서 어려운 점은……
- 내가 지금까지 배운 것 중에 가장 재미있었던 것은……
- 혼합연령 교실에서, 내가 원하는 것은……

(3) 부모의 평가

부모들의 의견 또한 면담이나 일상 중 만남을 통해 비공식적으로 수집할 수 있고, 질문지를 통해서도 가능하다.

① **평가 질문지**

	매우 그렇지 않다	그렇지 않다	보통이다	그렇다	매우 그렇다
나의 자녀가 혼합연령 교실에 있어서 좋다.					
나의 자녀는 혼합연령 교실에서 잘 적응하는 것 같다.					
교사의 혼합연령교실 운영에 대한 느낌은 이렇다.					
자녀의 혼합연령 교실환경에 대한 느낌은 이렇나.					
나는 다른 부모에게 혼합연령 교실에 다니는 것이 더 좋다고 추천한다.					
나는 다음에도 혼합연령 교실에 자녀를 보내고 싶다.					

혼합연령 교실이어서 가장 좋은 것은……
혼합연령 교실이어서 어려운 점은……
개선이나 보완이 필요하다면……

프로그램에 대한 부모들의 의견을 얻을 수 있는 하나의 방법은 질문지다.

② 면담

평가 질문지에 기록된 내용들을 중심으로 부모와의 면담을 통한 평가를 할 수 있다. 정해진 면담 시간뿐만 아니라 등하원 시 짧은 만남에서도 간단한 질문을 통해 부모의 평가를 수렴할 수 있다.

3) 평가 도구의 소개

혼합연령 교실에서 사용될 수 있는 관찰의 도구들을 사회적 관계와 환경구성을 중심으로 소개한다.

(1) 유아의 사회적 상호작용 관찰을 위한 도구

혼합연령 교실에서는 서로 다른 나이의 유아들 간에 또는 또래 간에 역동적인 상호작용이 발생한다. 이 흐름을 파악함은 교사가 교육활동을 계획하고 평가하는 데 중요한 부분이다.

① 교실 전체의 사회적 관계 평가방법

전체 유아들의 선호 관계를 표현하여 그린 사회관계도(sociogram)는 인기 유아와 소외 유아를 파악할 수 있게 해 준다.

- 유아에게 물어 좋아하는 친구와 싫어하는 친구를 확인한다.

  "네 생일에 초대하고 싶은 친구는 누구니?"

  "생일에 초대하고 싶지 않은 친구도 있니?"

- 큰 원을 그리고 교실의 유아 수만큼으로 구분하여 표시하고 유아의 이름을 기록한다.
- 화살표를 이용하여 선호 관계를 그려 넣는다.

좋아하는 관계는 파란색으로 표시하고, 싫어하는 관계는 주황색으로 표시한다. 파란색 화살표가 많이 모인 유아는 그 교실의 인기아이며, 주황색 화살표가 많은 경우는 거부아임이 나타난다. 아무 화살표도 그려지지 않은 유아는 고립아로 가장 교사가 관심을 두어야 하는 경우다.

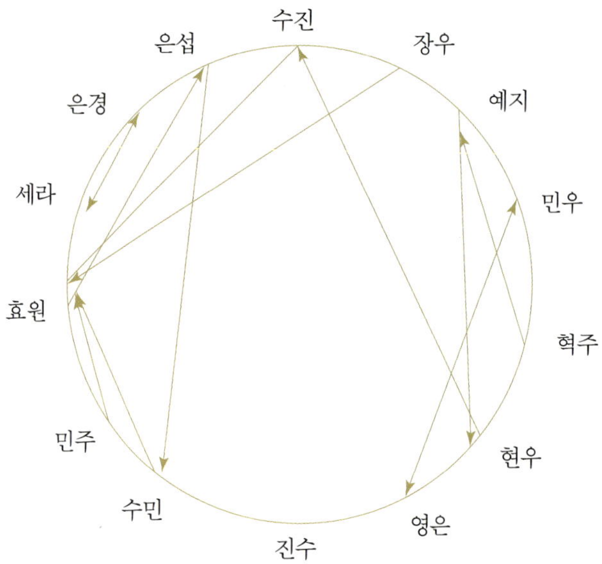

그림 3-1 학급 사회관계도(sociogram)의 예

② 개별 유아 사회적 관계 평가방법

• 보육일지를 활용하는 방법

교사가 매일 보육일지를 기록할 때, 유아가 주요 활동을 누구와 했으며(손위/손아래/동갑), 활동이 진행되는 동안 사회적 기술이 어느 정도 적절하게 표현되었는지(상/중/하), 활동의 결과가 어떻게 나타났는지(상/중/하)를 표시한다.

날짜: 관찰자:

유아명	활 동			
	주요 활동 내용	대상자	사회적 기술	결과
최은정(만 5세)	퍼즐 맞추기	이효은(만 3세)	1 2 ③	① 2 3

앞의 내용은 유아가 더 나이 어린 유아와 퍼즐 맞추기를 하면서 적절하게 사회적 기술을 표현하였으나, 결과적으로 더 의미 있는 활동으로 확장되지 못하고 바로 종결되었음을 보여 준다.

• 사회관계 중심의 집중관찰 방법

한 유아에 대한 보다 집중적인 평가를 위한 방법으로, 일정한 시간 동안 한 유아의 활동을 그 상호작용관계를 중심으로 관찰한다. 그림과 같이 새로운 상호작용이 관찰될 때마다 선으로 구분, 표시하며 기록한다. 가능하면 대화의 내용도 간략히 기술하도록 한다.

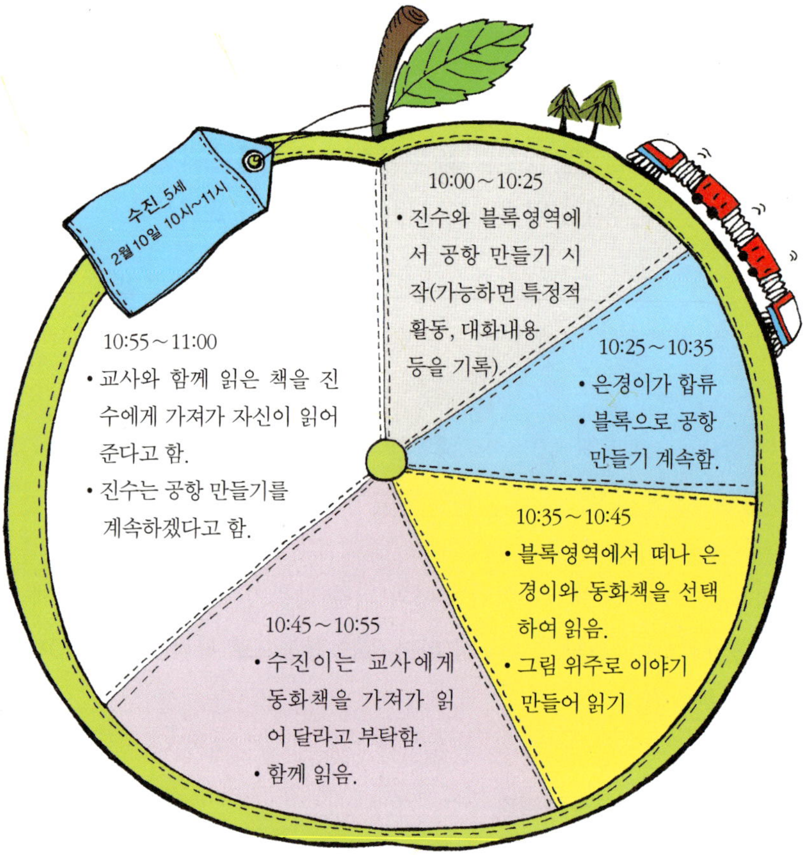

그림 3-2 **사회관계 중심의 집중관찰 예시**

(2) 환경구성의 효율성 증진을 위한 관찰도구

유아들의 학습 선호도와 학습 속도, 수준이 다양한 혼합연령 교실에서는 개별 선택활동이 많다. 따라서 이때 무엇보다도 유아의 흥미와 수준을 고려하여 교실 환경을 융통성 있게 적절히 변화시키는 것이 중요하다. 교실의 교구들이 사용되는 빈도를 확인하여 거의 인기가 없는 교구는 빼내고, 새로운 활동으로 교구를 구성하여 제공하여야 한다. 시간표집법을 활용하여 공간과 교구의 활용도를 관찰할 수 있다.

• 시간표집법을 활용한 공간과 교구의 활용도 관찰

- 교실의 평면도를 그려 복사하여 여러 장 준비한다.
- 관찰: 20분 단위로 현재 활동하고 있는 유아들의 위치를 준비된 교실 평면도에 x로 표시한다. 남학생과 여학생을 다른 색으로 표시하면 성별에 따른 선호영역을 확인할 수 있다.
- 분석: 교실에서 유아가 가장 많이 모여 활동하는 영역이 어디인가?
  교실에서 활동이 빈번히 일어나지 못하는 영역은 어디인가?
  남학생과 여학생이 선호하는 영역이 서로 다른가?
- 평가: 유아들을 그곳으로 끌어들이거나 그러지 못하는 이유는 무엇일까?
어떤 대안이 필요한가?

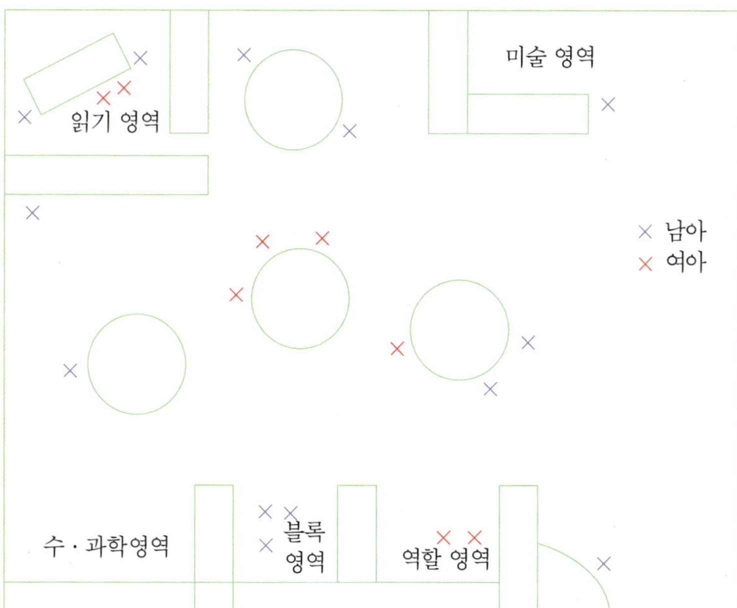

그림 3-3 사회관계 중심의 집중관찰 예시

제2부

활동의 실제

여기서는 유아교육기관의 만 3세에서 5세로 이루어진 혼합연령 교실에서 사용가능한 실제적인 활동을 제시한다. 유치원에서 많이 다루고 있는 주제 중에서 가족, 시장, 동물, 탈것을 선정하여 각 주제마다 9개의 활동으로 구성하였다. 모든 활동은 교사와 함께하는 대집단 혹은 소집단 활동은 물론이고 유아들만으로 구성된 소집단 혹은 흥미 영역에서의 개별활동을 고려하여 계획되었다. 주제별 마지막 활동은 주제탐구표현활동 접근법에서 사용할 수 있는 다양한 유형의 마무리 활동을 제안한다.

제4장
가 족

1. 주제 선정 이유

가족은 유아가 처음 사회적 관계를 형성하는 집단으로, 유아에게 매우 친숙할 뿐 아니라 다양하고 풍부한 경험을 바탕으로 활동을 구성하고 확장하기 좋은 주제다. 특히 혼합연령 교실은 구성원의 다양한 발달 수준과 관심 때문에 이를 아우를 수 있는 주제를 선정하기가 쉽지 않은데, '가족' 은 모든 유아의 보편적인 관심과 흥미를 이끌어 낼 수 있고, 유아마다 서로 다른 경험과 생활 사건에 따라 다양하고 특색 있는 전개도 가능하다.

이 장에서 제시하는 아홉 가지 '가족' 활동은, 어느 혼합연령 교실에서든지 적용이 가능하도록 보편적이며, 각 교실의 특성에 따라 융통성 있는 집단 구성이 가능하고, 활동에 참여하는 유아의 연령이나 발달 수준에 따라 다양한 역할을 분배할 수 있다. 마지막 아홉 번째 활동은 종결 활동으로, 가족과 관련된 모든 활동을 마무리하고, '학습 공동체' 이자 '발달 공동체' 로서 가족의 의미를 되새기는 의미에서 부모님을 초청하여 활동을 진행한다.

이 주제를 통해 모든 유아는 가족과 관련된 자신의 경험을 표상할 기회를 가질 뿐 아니라 다른 유아의 경험을 통해 가족의 의미와 역할에 대한 개념을 확장시킬 수 있다. 또한, 각 활동 안에서 자신의 발달 수준과 흥미에 적합한 역할을 찾아 수행하면서 자신의 발달을 이루어 가고, 손위, 손아래 또래와 협력하며 사회적 관계를 확장할 수 있다.

2. 주제망

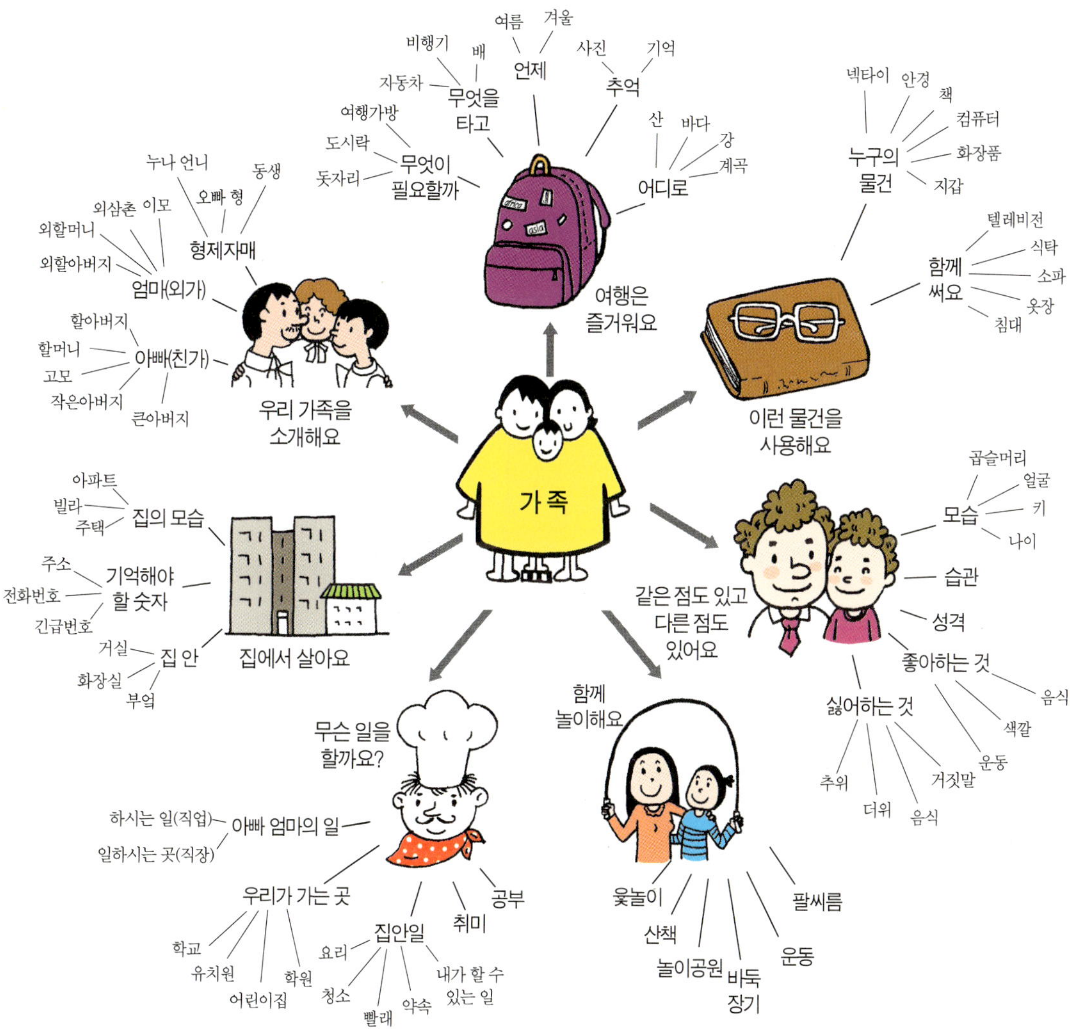
가족
우리 가족을 소개해요
형제자매
누나 언니
오빠 형
동생
엄마(외가)
외삼촌 이모
외할머니
외할아버지
아빠(친가)
할아버지
할머니
고모
작은아버지
큰아버지
여행은 즐거워요
무엇을 타고
비행기
배
자동차
언제
여름
겨울
추억
사진
기억
무엇이 필요할까
여행가방
도시락
돗자리
어디로
산
바다
강
계곡
이런 물건을 사용해요
누구의 물건
넥타이
안경
책
컴퓨터
화장품
지갑
함께 써요
텔레비전
식탁
소파
옷장
침대
같은 점도 있고 다른 점도 있어요
모습
곱슬머리
얼굴
키
나이
습관
성격
좋아하는 것
음식
색깔
운동
거짓말
싫어하는 것
추위
더위
음식
함께 놀이해요
윷놀이
산책
놀이공원
바둑
장기
운동
팔씨름
무슨 일을 할까요?
아빠 엄마의 일
하시는 일(직업)
일하시는 곳(직장)
우리가 가는 곳
학교
유치원
어린이집
학원
집안일
요리
청소
빨래
약속
내가 할 수 있는 일
취미
공부
집에서 살아요
집의 모습
아파트
빌라
주택
기억해야 할 숫자
주소
전화번호
긴급번호
집 안
거실
화장실
부엌

3. 주제별 연관 활동망

〈수 · 조작/과학〉

- 가족원의 발바닥 크기 및 모양 비교하기
- 가족과 관련된 수(숫자) 알아보기: 가족원의 수, 나이, 출생 순위, 주소, 전화번호 등
- 가족과 관련된 물건들을 사용자 및 쓰임새에 따라 분류하기
- 가족원의 나이 및 세대 비교하기

〈표상 · 조형〉

- 다양한 재료와 모양의 집 만들기
- 집의 내부 공간 구성하기
- 가전제품이나 가정용품 만들기
- 가족 여행과 관련된 소품 만들어 역할/극놀이 영역에 비치하기
- 가족 액자 만들기

〈언어〉

- 가족의 어른에게 존대어 쓰기
- 가족 구성원이 하는 일 말하기
- 가족 구성원들이 쓰는 물건의 사용자 및 쓰임새에 대하여 말하기
- 부모님께 (그림) 편지 쓰기
- 가족과 관련한 다양한 호칭 이해 및 표현하기

〈동화 · 동시 · 동요〉

- 동화: 언제까지나 너를 사랑해, 우리 아빠 최고, 우리 엄마 최고, 아빠와 함께 주말을, 내가 만일 아빠(엄마)라면, 엄마가 알을 낳았대 등
- 동시: 잠꾸러기 가족, 아빠 구두, 할아버지 자전거 등

가 족

〈이야기 나누기/토의〉

- 가족에 대한 생각 모으기
- 가족에 대해 궁금한 것과 알고 싶은 질문 목록 만들기
- 우리가 사는 집, 우리가 살고 싶은 집에 대해 이야기 나누기
- 가족 여행과 관련한 경험 나누기
- 부모님의 직장 방문 전 지킬 약속, 직장 방문 후 느낀 점 이야기 나누기

〈게임 · 신체표현〉

- 부모님 초청하여 가족 게임하기(마무리 활동)
- 협동이나 배려와 관련한 다양한 게임을 통해 가족의 개념 확장하기
- 청소와 빨래, 설거지와 같은 생활 경험하기
- 가족들이 함께 만들어 먹는 명절 음식(송편, 만두 등) 만들어 먹기

〈역할/극놀이〉

- 가족 역할/극놀이 하기(홍미 영역에 아빠, 엄마, 할머니, 할아버지, 아기 등 가족 구성원의 역할에 알맞은 소품 비치)
- 가족 여행과 관련한 역할/극놀이 하기(홍미 영역에 여행과 관련한 다양한 소품 비치)

〈기타〉

- 현장 활동: 부모님 중 한 분의 자원을 받아 부모님의 직장 방문하기
- 안전 지도: 가정에서 일어날 수 있는 안전 사고에 대해 이야기 나누기
- 일과 운영: 학습 및 생활 가족으로서의 또래 관계 지원하기
- 전시: 주제탐구표현활동 과정에서 발생하는 결과물을 전시하고 아동, 교사, 학부모의 의사소통 촉진하기

4. 활동 전개표

	활동 제목 및 소주제	활동 영역	집단 유형	활동 개요
1	우리 집은 우리 손으로 (가족이 사는 집)	이야기 나누기, 조형 활동	대집단 소집단 개별	가족들이 지내는 집에 대한 표상 활동으로, 바깥 놀이터에 커다란 상자 집을 비치하여 주제탐구표현활동이 진행되는 기간 동안 각종 재료와 도구들을 사용해 외관을 완성해 나가고 '가족'과 관련된 놀이에 활용할 수 있도록 함.
2	가족 숫자 놀이 (가족과 관련된 숫자)	이야기 나누기, 수 조작 및 과학	대집단 소집단	가족 구성원의 수, 가족 구성원의 나이, 출생 순위, 주소, 전화번호 등 우리 가족과 관련된 수(숫자)를 이야기하고, 그 숫자들을 모은 뒤, 작은 숫자부터 큰 숫자 순서로 나열해 봄.
3	여행을 떠나요 (가족 여행)	이야기 나누기, 조형 활동, 역할	대집단 소집단 개별	가족 여행과 관련된 경험 및 가족 여행을 떠나기 위해 필요한 물건들에 대해 이야기를 나눔. 배낭, 돗자리, 도시락 등 실제로 비치가 가능한 소품들은 각 가정에서 지원받아 역할놀이 영역에 마련하고, 기타 소품들은 만들거나 그려서 비치한 뒤 역할 놀이에서 활용할 수 있도록 함.
4	누구의 물건일까요 (가족들이 쓰는 물건)	이야기 나누기, 수 조작 및 과학, 언어	대집단 소집단	가족 구성원들과 관련된 물건 그림이 든 상자 안에서 아동이 임의로 한 가지를 선택함. 아동은 그 물건이 누가 어떻게 쓰는 물건인지 분류하여 말하고, 이때 필요하다면 존대어를 사용하여 말할 수 있도록 함.
5	작은 발, 큰 발 (가족원의 성장과 발달)	수 조작 및 과학, 조형 활동, 전시, 이야기 나누기	소집단 개별	아동의 발바닥 본과 가족원의 발바닥 본을 OHP필름에 복사한 뒤 크기를 비교해 봄. 교실 바닥에 전지를 붙이고 아동들의 발에 물감을 묻혀 발바닥 도장을 찍으며 서로 발 크기를 비교하고 발바닥 그림을 그림.
6	아빠, 엄마의 일터 (가족의 역할과 일)	현장 활동 조사	대집단	아동의 부모님 중 한 분의 직장을 방문함. 부모님이 낮 시간 동안 어느 곳에서 어떤 일을 하시는지 직접 방문하여 보고 들으며 부모님께 감사하는 마음을 가짐.

〈계속〉

7	양말 빨래 (가족의 생활)	게임 및 신체	소집단 개별	집에서 신던 양말 한 켤레를 가져와 직접 비누칠을 해서 빨아 봄. 비누를 묻혀 조물조물 비비고, 물에 헹구고, 꼭 짜서 빨랫줄에 널고, 마른 양말을 개는 과정을 통해 생활을 경험하고 소근육을 발달시킴.
8	만두를 빚어요 (가족이 함께 만드는 음식)	요리 활동	대집단 소집단	명절에 가족들이 오순도순 둘러앉아 명절 음식을 만들듯이 교사가 재료를 준비하여 원하는 아동들과 함께 만두를 빚어 쪄서 먹음.
9	누구일까 (가족원의 특성)	게임 및 신체, 언어	대집단 (종결 활동)	부모님을 초청하여 가족들을 두 팀으로 나눔. 가족들의 특성과 관련한 교사의 지시(예: '가족들 중 가장 어린 사람 나오세요' '가족들 중 가장 키가 큰 사람 나오세요' 등)에 해당하는 사람이 대표로 나와서 대결함.

5. 실제 활동

가족 1 (가족이 사는 집)

활동 제목 우리 집은 우리 손으로

활동 영역 이야기 나누기, 조형 활동

집단 유형 대집단, 소집단, 개별

활동 목표

- 집의 기본적인 공간 구조에 대한 이해를 바탕으로 집을 꾸밀 수 있다.
- 공동의 작업을 진행하면서 또래와 협동할 수 있다.

활동 자료

- 지붕, 벽, 창문, 문의 외형적 구조를 갖춘 다양한 종류의 집 사진(여러 장)
- 아동 3～4명이 들어갈 수 있는 커다란 상자(작은 상자를 여러 개 연결하는 것도 가능함)
- 다양한 조형 도구 및 꾸미기 재료

활동

① 도입

〈집의 외형적 구조 이해하기: 대집단〉

- 다양한 모양의 집 사진들을 보여 주며, 지붕, 벽, 창문, 문 등을 짚어 보도록 한다.
- 집의 기본적인 외형 구조인 지붕, 벽, 창문, 문의 구조적인 역할에 대해 이야기를 나눈다(예: 지붕은 비를 막아 줘요).

② 전개

〈공동으로 작업할 집의 모양(구조적인 특징)에 대해 토의하기: 소집단〉

- 다음의 질문들을 바탕으로 대략적인 집의 모양을 상상하며 토의한다.
  - 지붕은 어떤 모양으로 만들 것인가?
  - 창문은 어떤 모양으로, 몇 개를 만들 것인가?

- 문은 어떤 모양으로, 몇 개를 만들 것인가?

• 토의한 내용을 바탕으로 공동으로 작업할 집의 모양을 그림으로 표상한다. 소집단 안에서 집의 윤곽 그리기, 세부적인 구조 그리기(창문, 문 등), 색 입히기 등의 역할을 분담할 수 있다.

〈집의 구조 세우기: 소집단〉

• 교사와 소집단 아동들이 함께 박스에 구멍을 내거나 박스들을 여러 개 이어 붙여 집의 기본 골격을 세운다.
• 아동의 흥미와 발달 수준, 작업의 난이도를 고려하여 역할을 분배할 수 있다.

〈집 꾸미기: 소집단, 개별〉

자신들이 그림으로 표상한 집 모양을 바탕으로 다양한 재료를 이용해 집을 꾸미도록 한다. 집 만들기 작업은 주제탐구표현활동이 진행되는 동안 소집단별로 혹은 개별적으로 비교적 자유롭게 진행할 수 있도록 한다. 그리기와 색칠하기 도구는 물론이고 산책길에서 주워 온 자연물 등 다양한 재료를 사용할 수 있도록 한다.

③ **마무리**

〈집들이: 대집단〉

- 집이 완성되면 다른 소집단의 친구들을 초대하여, 집들이를 한다.
- 소집단별로 집의 구조나 꾸미는 방식 등이 어떻게 다른지 비교해 보고 주인이 준비한 간단한 다과를 나눈다.
- 주제탐구표현활동의 종결 시점까지 그대로 비치하여 아동들이 놀이에 자유롭게 활용할 수 있도록 한다.

확장 활동

작은 박스들로 집의 내부를 꾸밀 수도 있다. 방, 거실, 부엌 등 기능에 따라 공간을 구분하거나 옷장, 텔레비전, 책상 등 집에서 볼 수 있는 물건들을 만들어 배치할 수 있다.

유의 사항

활동의 특성상 아동이 흥미를 보여도 작업의 난이도나 도구의 위험성 때문에 참여가 불가능한 상황이 발생할 수 있다. 활동에 흥미를 가지는 아동이라면 모두 즐겁게 참여할 수 있도록, 작업 내에 다양한 난이도의 활동이 함께 있도록 배려하고, 가능한 한 안전한 도구와 재료를 비치해 교사나 또래의 도움으로 누구나 사용할 수 있도록 한다.

평가

- 집의 기본적인 구조를 반영하였는가?
- 공동의 작업에서 원활한 협동이 이루어졌는가?

가족 2 (가족과 관련된 숫자)

활동 제목 가족 숫자 놀이

활동 영역 이야기 나누기, 수 조작 및 과학 활동

집단 유형 대집단, 소집단

활동 목표

- 가족원의 수, 나이, 출생 순위, 집 주소, 전화번호 등 우리 가족과 관련된 숫자를 몇 가지 말할 수 있다.
- 숫자들을 작은 것에서부터 큰 것 순서로 나열할 수 있다.

활동 자료

- 가족과 관련된 숫자를 연상할 수 있는 사진 자료
- 화이트보드, 포스트잍 , 펜

활동 진행 순서

① 도입

〈사진을 보며 이야기 나누기: 대집단〉

• 준비한 사진을 한 장씩 보여 주면서 연상되는 숫자에 대해 자유롭게 말해 보도록 한다.

〈사진: 가족 여행 사진〉

효은: "가족이 모두 일곱 명이에요. 우리 가족은 세 명인데……."

효재: "아이가 세 명이네."

은정: "아니야, 한 명 더 있잖아. 네 명이야."

• 준비한 사진들이 한눈에 보이도록 화이트보드에 붙여 놓는다.

② 전개

〈자신의 가족과 관련된 숫자 찾기: 소집단〉

화이트보드에 있는 사진들을 보며 자신의 가족과 관련된 숫자들을 포스트잇에 적는다(숫자를 적지 못하는 아동은 교사나 다른 친구가 받아 적거나 따라 쓸 수 있도록 돕는다).

〈숫자 크기에 따라 나열하기: 소집단〉

숫자가 적힌 포스트잇을 화이트보드에 붙인 뒤, 작은 수에서부터 큰 수로 나열해 다시 붙여 보도록 한다.

③ 마무리

〈가족 숫자 놀이 상자 만들기: 소집단〉

• 다양한 숫자가 적힌 포스트잇을 모아 상자에 담는다.
• '가족 숫자 놀이 상자'라 명명하여 홍미 영역에 비치해 두고, 아동들이 숫자와 가족 관련 이미지를 연상하는 놀이를 할 수 있도록 한다.
• 쓰기 영역에 포스트잇과 펜을 비치하여 숫자 카드를 추가해 넣을 수 있도록 한다.

확장 활동

아동의 흥미와 발달 수준에 따라 나열된 숫자들 중 가장 작은 수, 가장 큰 수, 중간에 있는 수 등을 찾아보는 활동으로 확장시킬 수 있다.

유의 사항

• 숫자를 적거나 나열할 때 특정 아동 몇 명만이 주도하는 활동이 되지 않도록 교사의 적절한 개입이 필요하다.

- 숫자를 적지 못하는 아동은 따라 쓰거나 다른 친구의 도움을 받아 직접 써 볼 수 있도록 돕는다.
- 숫자를 크기 순서로 나열하는 것이 어려운 아동의 경우 가장 작은 숫자를 먼저 찾아서 붙이도록 하거나 숫자 카드를 차례로 붙이는 일 등에 참여할 수 있도록 한다.

평가

- 사진을 보고 여러 가지 연상되는 숫자에 대해 말할 수 있었는가?
- 숫자를 적거나 따라 쓰고자 하였는가?
- 숫자를 크기 순서로 나열하는 작업에 참여하였는가?

가족 3 (가족 여행)

활동 제목 여행을 떠나요

활동 영역 이야기 나누기, 조형 활동, 역할/극놀이

집단 유형 대집단, 소집단, 개별

활동 목표

- 가족 여행과 관련한 자신의 경험을 말할 수 있다.
- 가족 여행을 위해 필요한 물건이 무엇인지, 왜 필요한지 말할 수 있다.
- 가족 여행에 필요한 물건을 조형 활동을 통해 표현할 수 있다.

활동 자료

- 가족 여행과 관련한 사진 자료
- 각 가정에서 지원받은 여행 물품들
- 각종 조형 활동 재료

활동 진행 순서

① 도입

〈가족 여행과 관련한 경험 나누기: 대집단〉

• 가족 여행에서 찍은 사진을 친구들에게 보여 주며 여행에서 경험한 것에 대해 이야기를 나눈다.

• 각 가정에서 가족 여행과 관련하여 지원해 준 물품들을 보며 어디에 쓰는 물건인지, 왜 필요한지 등에 대해 이야기를 나눈다.

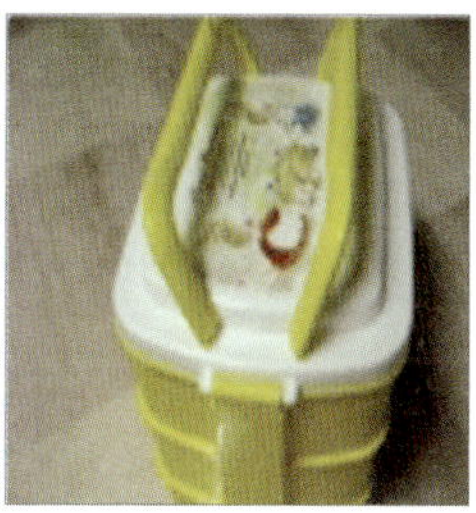

• 각 가정에서 지원받은 물품 외에 역할 놀이 영역을 '가족 여행지'로 꾸미기 위해 더 필요한 물품이 무엇인지에 대해 이야기를 나눈다.

② 전개

〈가족 여행에 필요한 물건 만들기: 소집단〉

- 역할 놀이 영역에 만들어 비치할 가족 여행 물품을 소집단별로 한 가지씩 토의하여 정한다(예: 텐트 등).
- 어떤 재료를 가지고, 어떻게 만들지 토의한다(예: 텐트의 경우, 천장에 봉을 매달아 천을 늘어뜨리고 천 위에 색종이 조각을 붙여 장식함).
- 토의 내용에 따라 공동으로 조형 활동을 실시한다.

출처: 서남 발도르프 어린이집의 역할 놀이 영역

③ 마무리

〈가족 여행지 꾸미기: 소집단, 개별〉

- 소집단별로 가족 여행지에 필요한 물품들을 만든 뒤, 역할 놀이 영역에 비치하여 가족 여행지로 꾸민다.
- 그 밖에 가족 여행 사진들, 여행지에서 주웠거나 사 온 물건들 등을 가정으로부터 지원받아 역할 놀이 영역을 꾸미고 자유 놀이 활동에 활용한다.

확장 활동

가족 여행과 관련한 경험을 그림으로 표상하거나 글로 적어 가족 여행 사진과 함께 역할 놀이 영역의 벽면을 장식한다. 이를 통해 가족 여행과 관련한 역할 놀이가 아동의 과거 경험과 현재, 미래를 연결하며 확장될 수 있도록 지원한다.

유의 사항

- 미리 가정 통신문을 배포하여 가족 여행 사진과 역할 놀이 영역에서 사용할 가족 여행 관련 물품을 지원받도록 한다.
- 교사는 아동들의 자유 놀이를 면밀히 관찰하여 가족 여행 놀이의 변화 흐름에 맞추어 필요한 물품을 더 지원하거나 조형 활동을 진행한다.

평가

- 가족 여행과 관련한 자신의 경험을 말할 수 있었는가?
- 가족 여행과 관련한 물품 만들기의 공동 작업에 참여하였는가?

가족 4 (가족들이 쓰는 물건)

활동 제목 누구의 물건일까요

활동 영역 이야기 나누기, 수 조작 및 과학 활동, 언어 활동

집단 유형 대집단, 소집단

활동 목표

- 가족들이 쓰는 다양한 물건들을 사용자에 따라 분류할 수 있다.
- 특정 물건의 쓰임새에 대해 적절하게 말할 수 있다.
- 가족원 중 어른에 대하여 설명할 때 존대어를 사용하여 말할 수 있다.

활동 자료

- 가족들이 사용하는 다양한 실물들 혹은 사진 자료(안경, 책, 넥타이, 화장품, 구둣주걱, 허리띠, 그릇, 지갑, 컴퓨터 등)
- 물건이나 사진 자료를 담을 수 있는 커다란 상자

활동 진행 순서

① 도입

〈가족들이 사용하는 물건에 대하여 이야기 나누기: 대집단〉

• 가족들(아빠, 엄마, 할아버지, 할머니, 언니, 형, 동생 등)이 주로 사용하는 물건에 대하여 이야기를 나눈다.

② 전개

〈가족들이 사용하는 물건에 대하여 설명하기: 대집단, 소집단〉

• 준비된 커다란 상자 안에 가족들이 사용하는 다양한 실제 물건 혹은 사진 자료들을 넣어 둔다. 이때, 가족원 중 어른들이 주로 사용하는 물건에는 따로 표시를 해 두었음을 알린다. 또한 어른이 사용하는 물건을 선택한 경우 존대어를 사용하여 말하기로 약속한다.

"우리 할아버지는 이런 안경을 쓰고 신문을 보세요."

• 아동이 한 명씩 나와 상자에 손을 넣어 손에 잡히는 물건 하나 혹은 사진 한 장을 꺼내도록 한다.
• 자신이 선택한 물건 혹은 사진을 친구들에게 보여 주고, 가족 중 누가 쓰는 물건인지, 주로 언제 사용하는지, 어떻게 사용하는지 등에 대해 말한다.

③ 마무리

〈물건에 따라 쓰는 사람과 용도가 다름을 이해하기: 대집단, 소집단〉

• 물건에 따라 사용자와 쓰임새가 다르다는 사실을 인식한다.
• 교구를 흥미 영역에 비치하여 자유 놀이 시간에 아동들이 흥미 영역에서 자유롭게 이용할 수 있도록 한다.

확장 활동

• 우리 집에서 사용하는 물건들을 다양한 기준에 따라 새롭게 분류할 수 있음을 이해한다(예: 가족들이 공동으로 사용하는 물건과 개별적으로 사용하는 물건, 어른이 쓰는 물건과 아이가 쓰는 물건, 여름에 쓰는 물건과 겨울에 쓰는 물건 등).
• 물건의 용도를 설명하기 어려운 아동의 경우, 상자에서 선택한 물건을 "○○(의) ○○" 형식으로 소유격 의미를 활용하여 말해 볼 수 있도록 한다(예: 내 가방, 엄마 지갑, 할아버지 안경 등)

유의 사항

- 적절한 존대어를 사용할 수 있도록 돕되 지나치게 교정하려고 하지 않는다.
- 아동이 물건의 사용자나 쓰임새를 설명할 때, 개별가정의 문화가 반영되어 있음을 이해하고 수용한다.

평가

- 각 물건들을 사용자에 맞게 분류할 수 있었는가?
- 각 물건들의 쓰임새를 적절하게 말할 수 있었는가?
- 존대어를 적절하게 사용할 수 있었는가?

가족 5 (가족원의 성장과 발달)

활동 제목 작은 발, 큰 발

활동 영역 수 조작 및 과학 활동, 조형 활동, 전시

집단 유형 소집단, 개별

활동 목표

- 가족원들의 발바닥 크기를 길이와 넓이 등을 기준으로 비교할 수 있다.
- 발 크기의 비교를 통해 신체의 성장과 발달에 대해 이해할 수 있다.

활동 자료

- 신체의 성장 및 발달과 관련된 사진 자료(아동의 어린 시절 사진, 아빠나 엄마의 어린 시절 사진 등)
- A4 용지, OHP 필름지
- 전지
- 물감, 다양한 그리기 및 꾸미기 재료

활동 진행 순서

① 가정연계활동

〈가족원의 발바닥 본떠서 그려 오기: 개별〉

- 미리 각 가정에 A4 용지를 배포하여 아동을 포함한 가족원 2인의 한쪽 발바닥을 본떠서 그려 오도록 한다.
- 교사는 발바닥 그림을 수합하여 OHP 필름지에 복사하여 준비해 둔다.

② 도입

〈신체의 성장 및 발달과 관련된 사진 자료 보며 이야기 나누기: 대집단, 소집단〉

- 아동의 어릴 적 사진 혹은 아빠나 엄마의 어릴 적 사진을 보면서 신체의 성장과 변화에 관하여 이야기를 나눈다.

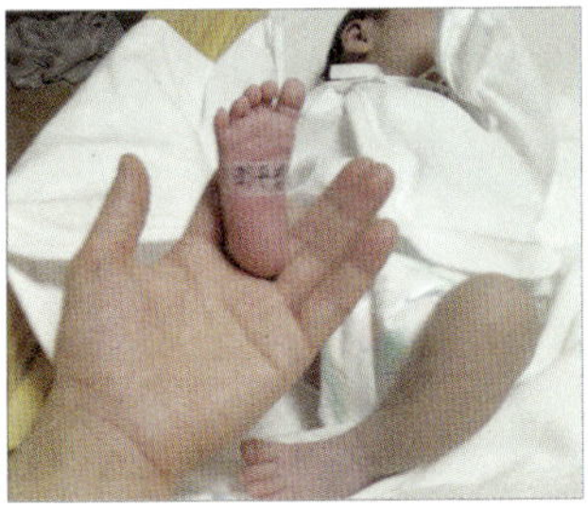

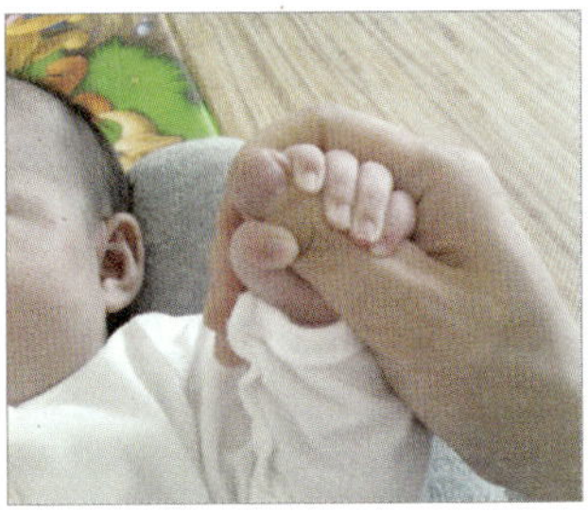

③ 전개

〈발바닥 크기 비교하기: 대집단, 소집단〉

- 자신과 가족원의 발바닥 모양이 인쇄된 OHP 필름을 나눠 준다.
- OHP 필름을 서로 겹쳐 발바닥의 모양과 크기, 길이와 넓이 등을 비교해 보도록 한다.
- 다른 친구나 친구 가족의 발바닥과도 대 보거나 겹쳐 보면서 우리 반에서(혹은 우리 그룹에서) 누구의 발이 가장 큰지(혹은 긴지, 넓은지 등) 비교해 본다.
- 발바닥 그림을 색칠하거나 꾸며 교실 한쪽 벽면에 장식한다.

④ 마무리

〈발바닥 그림 그리기: 대집단〉

- 우리 교실의 친구들도 발바닥의 크기와 모양이 모두 다르다는 것을 인식하고, 이것이 곧 개별적인 성장과 발달의 단계와 속도가 모두 다름을 의미한다는 것을 이해한다.
- 교실 바닥에 커다란 전지를 이어 붙이고 아동들이 발바닥에 물감을 묻혀 전지 위에 찍을 수 있도록 한다.
- 이때 친구들끼리 발바닥 도장을 찍어 크기와 모양을 비교하거나, 발바닥 그림을 그리는 등 자유로운 활동이 이루어지도록 한다.

확장 활동

- 아동들이 발바닥 크기를 비교할 때 '눈금이 있는 자'와 같은 도구를 제시하여 발달 수준이나 흥미에 따라 보다 정밀한 비교가 이루어질 수 있도록 지원한다.
- 발바닥뿐 아니라 손바닥, 키, 몸무게 등 교실 안에서 다양한 비교 활동이 자발적으로 일어날 수 있도록 지원한다. 이를 위해 단위 측정이 가능한 눈금이 있는 자, 줄자, 체중계 등을 흥미 영역에 비치한다.

유의 사항

신체의 크기를 비교하는 것이 자칫 우열을 의미하는 것으로 비춰지지 않도록 주의한다. 대신 아동들이 개별적인 발달의 단계와 속도를 존중할 수 있는 태도를 배양할 수 있도록 지도한다.

평가

- 발바닥 크기 비교가 자신의 발달 수준에 적합하게 이루어졌는가?
- 신체의 크기 비교를 통해 타인의 발달 단계 및 속도를 존중하는 태도를 배양하였는가?

가족 6 (가족의 역할과 일)

활동 제목 아빠, 엄마의 일터

활동 영역 현장 활동 및 조사

집단 유형 대집단

활동 목표

- 현장 활동을 통해 부모님의 직장과 직업에 대한 이해를 확장할 수 있다.
- 현장 활동을 다녀오는 과정에서 서로 협력하고 안전 규칙을 준수할 수 있다.

활동 자료

- 다양한 직업과 직장과 관련된 사진 자료
- 질문 목록
- 현장 활동에 대한 안전 규칙

활동 진행 순서

① 도입

〈부모님의 직업과 직장에 대한 이야기 나누기: 대집단〉

- 부모님들의 다양한 직업과 직장에 대하여 이야기를 나눈다.
- 현장 활동 당일에 방문하게 될 부모님의 직장과 직업에 대해 소개한다.
- 가서 여쭈어 보고 싶은 것에 대한 질문 목록을 작성한다.
- 현장 활동 과정에서 지켜야 할 안전 규칙과 협력 사항에 대하여 이야기를 나눈다.

② 전개

〈부모님의 직장 방문하기: 대집단〉

- 부모님 한 분의 직장을 방문하여 일하시는 곳을 둘러보고, 하시는 일에 대하여 설명을 듣는다.
- 준비한 목록에 해당하는 질문을 통해 궁금한 것을 해결한다.

③ 마무리

〈현장 활동 마무리하기: 대집단〉

- 질문 목록에 대해 부모님이 답해 주신 것을 정리하여 이해를 확장한다.
- 부모님께 감사하는 그림 편지를 써서 전달한다.
- 현장 활동 과정에서 미리 약속한 안전 규칙과 협력 사항이 잘 지켜졌는지 되돌아본다.

확장 활동

현장 활동을 통해 방문한 부모님의 직업과 직장에 대한 이해를 확장한다. 관련 서적이나 자료를 더 비치하고 흥미가 있는 아동을 중심으로 소규모의 직업 관련 프로젝트를 진행할 수 있다.

유의 사항

현장 활동을 안전하게 다녀올 수 있도록 미리 안전 규칙에 대하여 충분히 숙지할 수 있는 시간을 마련한다. 또한 나이 많은 유아와 나이 어린 유아로 2인 1조를 구성하여 나이 많은 유아가 나이 어린 유아의 현장 활동을 지원할 수 있도록 한다.

평가

- 준비한 질문 목록에 대하여 적절한 답변을 얻었는가?
- 현장 활동을 통해 아동의 직업에 대한 이해가 확장되었는가?
- 현장 활동 과정에서 안전 규칙과 손위-손아래 협력 사항이 잘 이행되었는가?

가족 7 (가족의 생활)

활동 제목 양말 빨래

활동 영역 게임 및 신체

집단 유형 소집단, 개별

활동 목표

- 가족들이 일상생활에서 하는 일들을 인식할 수 있다.
- 가정 안에서 자신이 할 수 있는 일을 찾아서 실행할 수 있다.
- 빨래하는 방법을 배우고 소근육을 발달시킨다.

활동 자료

- 빨래하는 방법을 설명하는 사진 혹은 그림 자료
- 가정에서 가져온 양말 한 켤레

활동 진행 순서

① 도입

〈가족들이 일상생활에서 하는 일들에 대해 이야기 나누기: 대집단〉

- 청소, 빨래, 요리, 설거지 등 가족들이 생활을 위해 일상에서 하는 일이 무엇인지 이야기를 나눈다.
- 일상생활의 일들을 가족원 중 주로 누가 하는지, 내가 할 수 있는 일은 무엇인지 이야기를 나눈다.

② 전개

〈양말 빨래하기: 개별, 소집단〉

- 빨래하는 방법에 대해 이야기를 나눈다(예: 세탁기를 사용하는 방법, 손빨래하는 방법)

• 양말을 빠는 방법을 단계별로 숙지한다(양말을 물에 담그기, 비누칠하기, 양말 비비기, 물에 헹구기, 꼭 짜기, 널기).
• 개별적으로 혹은 소집단별로 자신의 양말을 빨아서 널어 본다.

③ 마무리

〈양말 개기〉

• 자신의 양말을 개어 정리한다.
• 부모님이 생활 속에서 하시는 일에 대해 감사한 마음을 갖는다.

확장 활동

교실 안에서도 공동의 생활을 위해 하는 일들이 있음을 인식한다. 장난감 정리하기, 식사 뒷정리 하기, 간식 설거지하기, 청소하기, 이불 깔기, 정리하기 등의 일들 중 자신이 할 수 있는 것이 무엇인지 인식하고 실행할 수 있도록 한다. 아동이 자신의 발달 단계와 수준에 맞는 생활 속의 일들을 찾아서 꾸준히 실천할 수 있도록 지도한다.

유의 사항

손위-손아래 아동이 서로 협력하고, 특히 손아래 아동이 손위 아동의 행동을 모델링할 수 있도록 소집단을 구성한다.

평가

- 가족들이 일상생활에서 하는 일들 중 자신이 할 수 있는 일을 인식하였는가?
- 빨래하는 방법에 맞게 자신의 양말을 빨 수 있었는가?

가족 8 (가족이 함께 만드는 음식)

활동 제목 만두를 빚어요

활동 영역 요리 활동

집단 유형 대집단, 소집단

활동 목표

- 가족이 함께 만드는 음식, 우리 가족이 좋아하는 음식에 대해 말할 수 있다.
- 자신의 흥미에 따라 만두 빚기 활동에 참여할 수 있다.

활동 자료

- 가족이 함께 만드는 음식에 대한 사진 및 그림 자료
- 만두 빚기 재료

활동 진행 순서

① 도입

〈가족과 관련한 음식에 대하여 이야기 나누기: 대집단〉

- 준비한 사진 자료들을 보면서 가족이 함께 만드는 음식, 명절 음식, 우리 가족

이 좋아하는 음식 등에 대하여 이야기를 나눈다.

- 만두 빚는 방법에 대해 이야기를 나눈다. 만두 빚는 단계를 설명하면서 아동이 자신의 흥미에 따라 어떤 단계에서 얼마만큼 참여할지 생각할 수 있도록 한다.

② 전개

〈만두 빚기: 소집단〉

- 만두 빚기를 자원하는 아동들과 함께 만두를 빚는다.
- 아동은 자신의 흥미에 따라 만두 빚기 활동을 선택할 수 있고, 참여 단계와 시간도 자유롭게 결정할 수 있다.
- 만두 빚기가 끝나면 식당으로 보내 만두를 찌고, 함께 먹는다.

③ **마무리**

〈정리하기: 소집단〉

- 교사와 만두 빚기에 주로 참여했던 아동들을 중심으로 뒷정리를 한다.

확장 활동

아동의 흥미 및 발달 수준에 따라 만두를 빚는 방법을 다양하게 제시할 수 있다.

유의 사항

음식을 함께 만들어 나눠 먹는 것은 기쁘고 즐거운 일이라는 분위기와 태도를 유지할 수 있도록 한다.

평가

- 우리 가족과 관련한 음식 경험을 말할 수 있었는가?
- 자신의 흥미에 따라 만두 빚기의 적절한 단계에 참여할 수 있었는가?
- 음식을 만들어 먹는 과정을 즐겁고 감사한 태도로 수용하였는가?

가족 9 (가족원의 특성)

활동 제목 누구일까

활동 영역 게임 및 신체, 언어 활동(실외 활동)

집단 유형 대집단(종결 활동)

활동 목표

- 자신이 속한 집단에서 가족원의 특성에 관한 지시문에 해당하는(적합한) 사람이 누구인지 인지할 수 있다.
- 자신이 속한 집단에서 다른 아동 및 부모와 유대감과 친밀감을 형성한다.
- 게임의 규칙을 인지하고 규칙에 맞게 수행할 수 있다.

활동 자료

풍선, 밀가루, 접시, 사탕, 과자, 낚싯줄, 긴 막대

활동 진행 순서

① 도입

〈부모님들과 아동들을 두 팀으로 나누기: 대집단, 소집단〉

- 부모님과 아동을 청팀과 백팀으로 나눈다. 팀 구성 시 교사는 아동의 연령 및

성별의 고른 배치와 부모님의 참여 여부와 참석 인원 등을 고려하여 미리 팀을 구성해 놓는다.

- 청팀과 백팀이 팀 이름과 응원 구호 등을 정한다.
- 교사가 가족원의 특성과 관련된 지시문을 말하면 청팀과 백팀에서 그에 해당하는 사람이 나와서 게임을 수행함을 인지한다.

② 전개

〈가족 게임: 대집단〉

- 각 팀에서 지시문에 해당하는 사람의 수가 다를 수 있으나 승패를 가르는 게임이 아니므로 수에 상관없이 게임을 실시한다.
- 참여 인원 및 특성에 따라 다른 게임을 더 추가하거나 줄일 수 있다.

♥ 풍선 터뜨리기(2인 1조)

- 지시문: "각 팀에서 가장 나이가 많은 분과 가장 나이가 적은 분 나오세요."

♥ 밀가루 사탕 먹기(2인 1조)

- 지시문: "각 팀에서 손바닥이 가장 큰 분과 발바닥이 가장 큰 분 나오세요."

♥ 과자 따 먹기

- 지시문: "각 팀에서 이번 달과 다음 달이 생일인 분들 나오세요."

♥ 훌라후프 통과하기

- 지시문: "각 팀에서 곱슬머리인 분들 나오세요."

♥ 발목끼리 묶어 뛰기(각 팀에서 나온 사람들을 2인 1조로 구성하여 두 사람의 한쪽 발목을 끈으로 연결하여 반환점까지 뛰어갔다 돌아오는 게임)

- 지시문: "지금까지 한 번도 나오지 않은 분들 다 나오세요!"

♥ 기타 지시문

  - "혈액형이 A형인 분들 나오세요."
  - "머리카락 길이가 제일 긴 분 나오세요."

- "옷에 빨간색이 있는 분들 나오세요."
- "청바지 입은 분들 나오세요."

③ 마무리

〈도시락 먹기〉

- 가족들 간에 준비한 도시락을 나눠 먹고 자유롭게 이야기하며 교제한다.
- 교사는 '가족' 주제탐구표현활동이 학습 및 발달 공동체로서의 아동 및 부모에게 어떠한 의미였는지 발표하고 행사를 마무리한다.

확장 활동

부모나 아동 중 자원자가 있는 경우 기발하고 재미있는 지시문을 직접 말해 보도록 한다.

유의 사항

- 팀을 나눌 때 아동의 연령, 성별, 부모의 참석 여부 및 참석 인원 등을 고려한다.
- 지시문을 통해 한 번도 게임에 참여하지 못하는 사람이 없도록 한다.

평가

- 가족원의 특성에 관한 지시문에 해당하는 사람을 찾으면서 가족 간에 친밀감이 형성되었는가?
- 가족 게임이 종결행사로서 주제를 마무리하고 가족들 간의 유대감을 형성하는 데 기여하였는가?

제5장
시 장

1. 주제 선정 이유

시장이나 마트에서 유아는 사람이 살아가는 다양한 모습을 경험한다. 성인과 함께 물건을 고르고, 시식코너에서 음식을 먹어보고, 물건값을 내는 등 구체적인 사물이나 사람, 상황과의 상호작용을 통해 실생활에 대한 지식을 얻게 된다. 시장은 유아가 흥미를 갖는 장소이고, 서로 다른 발달수준에 있는 혼합연령 교실의 유아를 대상으로 언어, 수 조작 및 과학, 신체, 조형, 역할놀이 등 다양한 영역의 활동을 통합적으로 제시하기에 적합한 주제이다.

이 장에서는 유아가 시장을 주제로 한 여러 가지 활동을 하면서 시장의 개념이나 유형, 시장에서의 안전질서, 장 볼 때의 유의사항, 시장에서 일하는 사람들의 역할 및 사용하는 표현 등을 자연스럽고 즐겁게 이해할 수 있도록 구체적인 활동안을 제시한다. 각 활동안 수행에 개별 유아의 특성이나 흥미 그리고 시장과 관련한 개인의 경험 수준에 따라 다양한 방법과 수준으로 참여할 수 있도록 한다.

2. 주제망

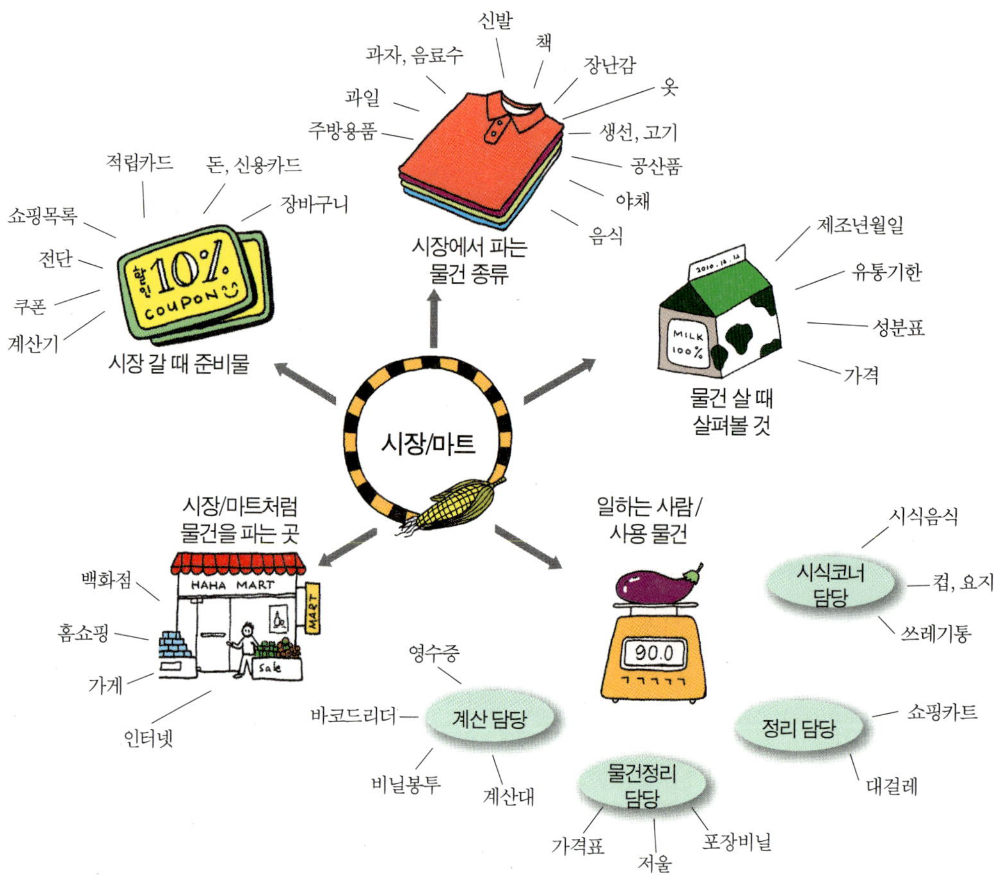
시장/마트
시장에서 파는 물건 종류
신발
책
과자, 음료수
장난감
옷
과일
주방용품
생선, 고기
공산품
야채
음식
시장 갈 때 준비물
적립카드
돈, 신용카드
장바구니
쇼핑목록
전단
쿠폰
계산기
할인 10% COUPON
물건 살 때 살펴볼 것
제조년월일
유통기한
성분표
가격
MILK 100%
시장/마트처럼 물건을 파는 곳
백화점
홈쇼핑
가게
인터넷
HAHA MART
MART
Sale
일하는 사람/사용 물건
계산 담당
영수증
바코드리더
비닐봉투
계산대
물건정리 담당
가격표
저울
포장비닐
정리 담당
쇼핑카트
대걸레
시식코너 담당
시식음식
컵, 요지
쓰레기통
90.0

3. 주제별 연관 활동망

시 장

〈수 · 조작/과학〉

- 파는 장소에 따라 물건 분류하기
- 같은 물건을 다른 장소에서 구입 후 가격 알아보기
- 같은 가격의 물건 수량, 크기, 무게 비교하기
- 내가 시장에서 가장 좋아하는 가게(마트의 코너)는 어디인지 그래프 그리기
- 내가 제일 좋아하는 시식코너 음식 만들어 보기
- 시장에서 구입한 물건이 유효기간이 지나면 어떻게 변하는지 관찰하기(우유, 두부, 콩나물 등)

〈표상 · 조형〉

- 우리 동네 시장 표현하기
- 탁자나 상자, 블록으로 시장 진열대 만들기
- 시장놀이 소품 만들기
- 동전 탁본 뜨기
- 나만의 지폐 만들기
- 시장(마트) 전단 만들기
- 시장 간판 만들기

〈언어〉

- 시장에서 들리는 소리 구분하기
- 시장 보기 목록에 있는 물건 이름(그림) 옆 사람에게 이어 말하기
- 내가 좋아하는 물건 이름으로 동시 짓기
- 시장에서 파는 물건(실물, 사진) 같은 것끼리 짝짓기
- 시장에서 일하는 사람과 사용하는 물건 짝짓기
- 시장 보기 작은 책자 만들기
- 시장놀이를 위한 광고 문구 만들기

〈동화 · 동시 · 동요〉

- 동화: 장바구니
  시장 나들이
  오늘은 시장 보러 가는 날
  시장에 함께 가요
- 동시: 구멍가게
  시장을 가면서
- 동요: 가게놀이

〈이야기나누기/토의〉

- 내가 원하는 것을 어디에서 구할 수 있을지에 대해 토의하기
- 시장/마트에 대한 경험 나누기
- 시장/마트에 대해 궁금한 점 목록 만들기
- 내가 물건을 살 때 중요하게 생각하는 것은 무엇인지 이야기 나눠 보기
- 시장에서 주의할 점은 무엇인지 이야기 나누기
- 시장놀이에 필요한 역할/물품 정하기

〈게임 · 신체표현〉

- 장바구니에 물건 넣으며 이어 달리기
- 상자로 만든 카트에 물건 높이 쌓기
- 시장에서 일하는 사람이나 물건의 이름(그림)을 보고 몸으로 표현하면 상대방이 알아맞히는 스피드 퀴즈

〈역할/극놀이〉

- 시장놀이
- 아나바다 장터

〈안전교육〉

- 시장(마트)에서 모두의 안전을 위해 지켜야 할 상황에 맞는 예절 알아보기
  - 돈이나 생선, 육류를 만지고 난 후
  - 뜨거운 음식을 시식하는 곳
  - 에스컬레이터를 탈 때
  - 카트에 타거나 밀 때
  - 물건을 선반에서 꺼낼 때
  - 냉장, 냉동실 문을 열고 닫을 때
  - 계산을 위해 줄을 설 때

4. 활동 전개표

	활동 제목 및 소주제	활동 영역	집단 유형	활동 개요
1	필요한 물건이 있어요 (시장의 개념)	이야기나누기, 언어	대집단 소집단 개별	나에게 필요한 물건(먹고 싶은 것, 가지고 싶은 것, 누군가에게 주고 싶은 것)이 무엇인지 이야기하고, 글과 그림으로 표현하거나 전단에서 찾아 오린 뒤 작은 책자를 만든다.
2	시장에도 규칙이 있어요 (시장에서의 안전질서)	이야기나누기, 안전, 조작	대집단 소집단 개별	시장(마트)에서 카트 사용이나 에스컬레이터 이용, 시식코너 등에서 모두의 안전을 위해 지켜야 할 공중예절에 대해 알아본 후, 유아들이 흔히 범하기 쉬운 위험한 행동과 그에 대응하는 안전한 행동에 대한 그림카드를 짝지어 보는 활동을 한다.
3	시장에 가요 (시장 견학)	현장 활동, 조사	대집단 개별	시장이나 마트를 직접 방문한다. 시장이 어떤 곳이며, 그 안에서 일하는 사람들의 역할은 무엇인지 살펴본다. 구입하고 싶은 물건의 목록을 가지고 가서 어떤 가게(코너)에서 파는지 살펴보고 실제로 구매해 본다.
4	어디에서 살 수 있나요 (가게의 종류)	이야기나누기, 언어, 수 조작	대집단 소집단 개별	유아들이 사용하거나 주변에서 볼 수 있는 사물들의 실물이나 사진을 이용하여 시장(마트)의 어느 가게(혹은 코너)에서 살 수 있는지를 알아보면서 자연스럽게 사물을 구입 장소에 따라 분류하는 경험을 해 본다.
5	꼭 살펴보고 사세요 (물건의 유통기한)	이야기나누기, 언어, 수 조작 및 과학, 표상 활동	대집단 소집단 개별	시장에서 물건 구입 시에 고려해야 할 사항에 대해 알아본다. 시장 견학 중에 우유, 요플레, 두부, 콩나물, 빵, 과자 등 유통기한이 다양한 물건을 구입하여 교실의 관찰탁자에 비치한다. 시간의 경과에 따라 어떻게 변해 갈지 이야기를 나눠 보고, 관찰한 내용을 글이나 그림으로 표상한다.
6	시장 갈 때 필요해요 (시장갈 때 준비물)	가정연계활동, 이야기나누기, 언어,수조작, 조형활동	대집단 소집단 개별	유아가 가정에서 어른과 함께 시장갈 때 필요한 물건들에 대해 이야기를 나누고 글이나 그림, 사진으로 목록을 작성해 와서 발표한다. 시장바구니나 적립카드, 쇼핑카트, 지갑, 동전 등 각 가정에서 지원받을 수 있는 물건들을 수집해 역할놀이 영역에 비치한다. 동전 탁본 뜨기를 통해 시장놀이에 사용할 수 있는 돈을 만들어 본다.

〈계속〉

7	장바구니 (목록대로 장 보기)	동화, 수 조작, 조형활동, 게임 및 신체	대집단 소집단 개별	장바구니(존 버닝햄)를 읽고 시장에서 물건을 사거나 심부름을 할 때 목록의 유용성에 대해 살펴본다. 유아들을 두 팀으로 나누어 글과 그림으로 표시된 목록에 있는 물건들을 해당하는 개수만큼 장바구니에 담아 오는 게임을 한다.
8	뭐라고 얘기할까요 (시장에서 사용하는 말)	이야기나누기, 언어, 조작, 게임	대집단 소집단 개별	시장의 여러 가게(마트의 코너)에서 일하는 사람들과 물건을 사는 사람들이 사용하는 어휘와 표현을 이야기해 보고, 빙고게임을 통해 상황에 맞게 분류해 본다.
9	오늘은 장 보는 날 (아나바다 장터)	역할놀이	대집단 (종결 활동)	유아들 각 가정에서 쓸 만하지만 필요하지 않은 물건들을 기증받아 분류한 후 시장놀이를 통해 필요한 유아가 구입하는 경험을 통해 시장의 역할과 기능에 대해 직접 알아본다.

5. 실제 활동

시장/마트 1 (시장의 개념)

활동 제목 필요한 물건이 있어요

활동 영역 이야기 나누기, 언어

집단 유형 대집단, 소집단, 개별

활동 목표

- 우리가 살아가는 데 필요한 물건에 대해 알아본다.
- 우리에게 필요한 물건을 구입할 수 있는 곳으로서 시장에 대해 알아본다.

활동 자료

- 마트 전단
- 종이, 연필, 가위, 풀, 스테이플러
- 그림도구
- 물건을 파는 여러 장소 사진(재래시장, 마트, 백화점, 인터넷 쇼핑몰, 동네 슈퍼 등)

활동 진행 순서

① 도입

〈우리가 살아가는 데 필요한 물건에 대해 이야기 나누기〉

- 유아들이 돌아가면서 자신을 위해 또 다른 사람을 위해 필요한 것에 무엇이 있는지(먹고 싶은 것, 생일에 받고 싶은 선물, 친구에게 사 주고 싶은 것 등)에 대해 이야기를 나눈다.
- 교사나 글을 쓸 수 있는 유아가 칠판이나 큰 종이에 유아들이 말하는 것을 받아 적는다.

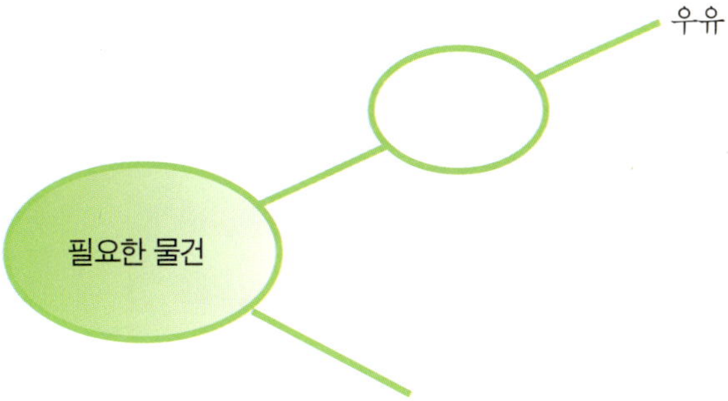

② 전개

〈살아가는 데 필요한 물건을 여러 방법으로 표현해 보기〉

- 살아가는 데 필요한 물건들 중에 유아 자신이 작업하고자 하는 영역별로 하나씩 선택한다(먹는 것, 가지고 노는 것, 엄마에게 사 드리고 싶은 것 등).
- 종이 위에 개별적으로 혹은 여러 명이 함께 자신이 원하는 방법을 사용하여 살아가는 데 필요한 물건을 표현해 본다.
  - 그림, 글 또는 그림과 글(유아들이 협력하여 한 명은 그림을 그리고 다른 한 명은 그 명칭을 적는 것도 가능하다.)
  - 전단에서 해당하는 물건을 오려 붙이기(가위 사용이 능숙하지 않은 유아는 물건 사진에 동그라미로 표시하고, 손으로 찢어 내거나 다른 유아나 교사가 잘라 줄 수도 있다.)
  - 한 종이 위에는 한 분야만 표현하도록 한다.
- 종이 위에 표현된 물건을 아우르는 명칭을 유아가 직접 쓰거나 교사가 써 준다.
- 유아들이 개별적으로 또는 조별로 자신들의 작업에 대해 설명한다.

③ 마무리

- 유아들이 앞에서 필요하다고 한 물건들을 살 수 있는 장소에 대해 함께 이야기를 나누고 물건을 파는 여러 장소 사진을 살펴본다.
- 교실 벽에 유아들이 작업한 것을 영역별로 모아 붙이고 전체 제목을 달아 준다(우리가 살아가는 데 필요한 것들).

확장 활동

- 우리가 살아가는 데 필요한 물건에 대한 작은 책자 만들기
- 인기상 뽑기: 영역별로 가장 많이 언급된 물건을 선정한다(예: 무지개반 친구들이 가장 갖고 싶은 물건은?).

유의 사항

우리가 살아가는 데 필요한 물건들에 대해 이야기를 나눌 때 유아들이 가장 흥미를 가질만한 영역부터 시작하여 관심을 높인다(예: 생일 선물로 꼭 받고 싶은 물건은?).

평가

- 유아가 자신이 살아가는 데 필요한 물건에 대해 얘기할 수 있는가?
- 우리에게 필요한 물건을 구입할 수 있는 장소가 여러 곳이고 그중에 시장(마트)도 포함되어 있다는 사실을 인식하는가?

시장/마트 2 (시장에서의 안전질서)

활동 제목 시장에도 규칙이 있어요

활동 영역 이야기 나누기, 안전, 조작

집단 유형 대집단, 소집단, 개별

활동 목표

- 규칙은 모두의 안전과 즐거움을 위한 약속임을 안다.
- 시장(마트)에서 지켜야 할 공공예절을 익힌다.

활동 자료

시장에서의 공공예절을 어기는 상황/공공예절을 지키는 상황 퍼즐(인쇄 후 선대로 자르고 코팅하여 제작)

활동 진행 순서

① 도입

〈시장에서 규칙을 어겼을 때 처하게 되는 위험하거나 불쾌한 상황 인식하기-이야기 나누기〉

- 공공예절을 어기는 상황 그림퍼즐을 하나씩 보면서 그러한 경우에 자신을 포

함한 다른 사람들이 느낄 감정이나 생각, 위험요인에 대해 이야기를 나눈다.

– "이 아이는 카트 안에 서 있어요. 잘못하면 어떤 일이 일어날까요?"

• 이야기를 나눈 후 공공예절을 어기는 상황 그림퍼즐은 책상의 왼쪽 위에서 아래로 늘어놓는다.

② 전개

〈위험하거나 불쾌한 상황을 막기 위한 공공예절 말해 보기–언어: 반대개념 퍼즐 맞추기〉

• 공공예절을 지키는 상황 그림퍼즐들을 책상 아래에 모두 늘어놓는다.

• 공공예절을 어기는 상황 그림퍼즐들을 위에서부터 하나씩 보면서 시장에서 지켜야 할 규칙(약속)이 무엇인지 말해 본다.

– "시장에서 어린아이가 카트를 밀고 다니면 어떻게 될까요?"

– "모두의 안전을 위해서 카트는 어른이 밀어요."

• 책상 아래에 있는 공공예절을 지키는 상황 그림퍼즐들 중에서 해당하는 것을 찾아 공공예절을 어기는 상황 그림퍼즐 옆에 놓는다.

– "계산대 앞에서 줄 서는 규칙을 지키는 그림은 어느 것인가요?"

• 같은 방법으로 공공예절을 말하면서 나머지 공공예절을 어기는 상황 그림퍼즐 옆에 반대되는 공공예절을 지키는 상황 그림퍼즐들을 놓는다.

• 퍼즐조각들을 맞춘다(조각이 안 맞으면 잘못 짝지은 것이므로 다시 생각해 본다).

③ 마무리

• 완성된 퍼즐을 보며 상황에 따른 공공예절을 다시 한 번 말해 보고 교구를 정리한다(공공예절을 지키는 상황 그림퍼즐과 공공예절을 어기는 상황 그림퍼즐을 따로 고무줄로 묶어 정리한다).

• 교구를 흥미 영역에 비치하여, 유아들이 개별적으로 혹은 여러 명이 함께 자유롭게 이용할 수 있도록 한다.

확장 활동

- 시장에서 지켜야 할 공공예절, 즉 시장에서의 규칙 목록을 글이나 그림으로 만들어 가정에 가져간다.
- 가정과 연계하여 유아가 가족과 함께 시장에 갔을 때 공공예절을 잘 지킬 수 있도록 지원한다.

유의 사항

- 시장 견학을 하기 전에 이 활동을 먼저 실시하여 즐겁고 안전한 현장학습이 되도록 한다.

평가

- 시장에서 유아 자신과 다른 사람들의 안전하고 즐거운 물건 구입을 위해 지켜야 할 공공예절이 무엇인지를 인식하는가?
- 부모님과의 자연스러운 대화를 통해 유아가 시장에서의 공공예절을 실천에 옮기는지 확인해 본다.

시장/마트 3 (시장견학)

활동 제목 시장에 가요

활동 영역 현장 활동, 조사

집단 유형 대집단, 개별

활동 목표

- 시장을 직접 방문하여, 시장이 어떤 곳이며 거기에서 일하는 사람들의 역할은 무엇인지 살펴본다.
- 구입하고 싶은 물건의 목록을 가지고 가서 어떤 가게(코너)에서 파는지 살펴보고 실제로 구매해 본다.

활동 자료

- 유아가 만든 '나에게 필요한 물건' 작은 책자
- 종이, 연필, 그림도구
- 방문할 동네 시장(마트)에 대한 사진이나 인터넷 자료
- 유아가 구입할 간식 이름과 구입비용(목에 걸 수 있는 작은 지갑에 부모님이 주신 간식 구입비-천 원 이하-를 넣는다)

활동 진행 순서

① 도입

〈시장에 가기 전에 준비가 필요해요〉

- 유아들과 함께 방문할 시장(마트)에 대해 사진이나 인터넷 자료를 통해 미리 살펴본다.
- 시장 견학 절차에 대해 미리 알려 주고 질문에 답하는 시간을 가진다.
- 시장 견학 시 짝을 정한다(평소 관찰을 통해 차분한 아동과 활동성이 높은 아동으로 두 팀을 나눈 후 다양한 방법으로 짝을 정한다. 예: 좋아하는 과자가 같은 유아끼리, 같은 색 양말 등).
- 유아들에게 필요한 물건(내가 사고 싶은 간식)이 무엇이고, 물건 고를 때 확인할 내용이 무엇인지(제조년월일, 유통기한, 가격 등)에 대해 이야기를 나눈다.
- 시장 갈 때 준비물을 유아들과 함께 챙겨 본다.

② 전개

〈시장에 갔어요〉

- 시장에서 파는 물건들과 일하는 사람들을 살펴본다.
- 필요한 물건을 산다(물건을 고르고, 돈을 내고, 거스름돈과 영수증을 받는다).

• 가능하면, 시장이나 마트의 직원과 사전 약속을 통해 시장에 대한 소개 및 질의응답하는 시간을 갖는다.

③ 마무리

• 시장 견학에 대한 느낌, 생각 등을 글과 그림 등으로 표현한다.
• 유아가 만든 '나에게 필요한 물건' 작은 책자에서 시장 견학을 통해 본 물건들에 표시를 한다.
• 시장에서 구입한 간식을 먹는다.

확장 활동

〈시장에서 구입한 간식 비교해 보기〉

• 가격 비교: 얼마일까요?(제품에 표시된 가격과 영수증에 나타난 가격 비교도 가능)
• 크기 비교
• 무게 비교

유의 사항

시장 견학 전에 시장에서 지켜야 할 공공예절을 먼저 익힌다.

평가

• 시장이 어떤 곳이며 거기에서 일하는 사람들의 역할이 무엇인지 인식하는가?
• 구입하고 싶은 물건의 목록대로 물건을 구입하였는가?

시장/마트 4 (가게의 종류)

활동 제목 어디에서 살 수 있나요?

활동 영역 이야기 나누기, 언어, 수 조작(분류게임)

집단 유형 대집단, 소집단, 개별

활동 목표

- 시장과 관련된 어휘력을 향상시킨다.
- 사물을 구입 장소에 따라서 분류하는 개념을 기른다.

활동 자료

- 게임판: 정정판/활동판(자석판으로 제작)
- 가게(코너) 그림과 명칭카드(뒷면에 자석띠)
- 사물사진 카드(뒷면에 자석띠)
- 작은 낚싯대
- 작은 상자 2개

활동 진행 순서

① 도입

〈시장의 각 가게(혹은 마트의 각 코너)에서 파는 사물 인식하기-이야기 나누기〉

- 시장(마트)에 가면 어떤 것들을 살 수 있는지 이야기를 나누어 본다.
- 준비한 사물 사진을 하나씩 보여 주며, 시장의 어느 가게(마트의 어느 코너)에서 살 수 있는지 이야기를 나누어 본다.

② 전개

〈사물을 구입 장소에 따라서 분류해 보기-게임〉

- 활동판을 책상 위에 늘어놓는다.
- 가게(코너) 그림과 명칭카드들을 뒤집어 놓는다. 한 명씩 돌아가며 낚싯대를 이용해 명칭카드를 집어 올려 읽은 뒤 해당하는 활동판에 올려놓는다(글을 읽지 못하는 경우에는 명칭카드의 테두리 색과 활동판 색이 동일함을 이용해 활동 가능).
- 사물사진 카드들을 뒤집어 놓는다. 한 명씩 돌아가며 낚싯대를 이용해 집어 올린 뒤 사물의 이름과 어느 가게에서 살 수 있는지를 말하고 해당하는 가게의 활동판에 올려놓는다.
- 사물사진 카드들이 모두 활동판에 놓이면 가게별로 정정판을 보며 분류가 맞게 되었는지 확인한다.

③ 마무리

- 시장의 가게마다 파는 물건들이 다르다는 사실을 살펴본다.
- 교구를 흥미 영역에 비치하여, 유아들이 개별적으로 혹은 여러 명이 함께 자유롭게 이용할 수 있도록 한다.

확장 활동

- 마트 전단이나 신문, 잡지의 사물 사진을 오려서 가게(코너)별로 분류해 본다. 벽면에 가게별로 종이를 부착해 대집단 활동으로 진행할 수도 있고, A4 활동지를 이용해 개별 활동으로 진행할 수도 있다.
- 조사활동: 기자게임(유아가 기자가 되어 부모님과 함께 시장에 갔을 때 자신이 관심 있는 가게에서 팔고 있는 물건들 이름을 취재한다.)

유의 사항

유아들의 생활환경이나 사전경험을 고려하여 시장에서 볼 수 있는 가게 위주의 활동 혹은 마트의 코너 활동으로 진행한다.

평가

- 시장의 가게마다 팔고 있는 물건이 다르다는 사실을 인식하는가?
- 특정 물건을 사기 위해 시장의 어느 가게에 가야 하는지 알고 있는가?

시장/마트 5 (물건의 유통기한)

활동 제목 꼭 살펴보고 사세요

활동 영역 이야기 나누기, 언어, 수 조작 및 과학, 표상 활동

집단 유형 대집단, 소집단, 개별

활동 목표

- 음식물마다 유통기한이 있으므로 구입 시에 꼭 살펴보아야 함을 익힌다.
- 유통기한이 지난 음식물의 변화과정을 관찰해 봄으로써 그 중요성을 익힌다.

활동 자료

- 우유, 요플레, 두부, 콩나물, 빵, 과자 등 유통기한이 지나면 변화 정도가 큰 다양한 음식물들과 그 사진들
- 투명한 밀폐용기(음식물 개수만큼)
- 돋보기
- 종이, 연필, 그림도구
- 파일
- 날짜 스탬프와 잉크패드

활동 진행 순서

① 도입

〈시장에서 물건을 살 때 알아보아야 할 점은 무엇인지 인식하기-이야기 나누기〉

- 시장(마트)에 가서 음식물을 살 때 살펴보는 것은 무엇이 있는지 이야기를 나누어본다(가격, 모양, 색, 크기, 만든 회사, 양, 제조년월일, 유통기한).
- 준비한 음식물(우유, 요플레, 두부, 콩나물, 빵)을 하나씩 보여 주며, 유통기한을 살펴본다.
- 유통기한을 왜 표시하는지 이야기를 나누어 본다.

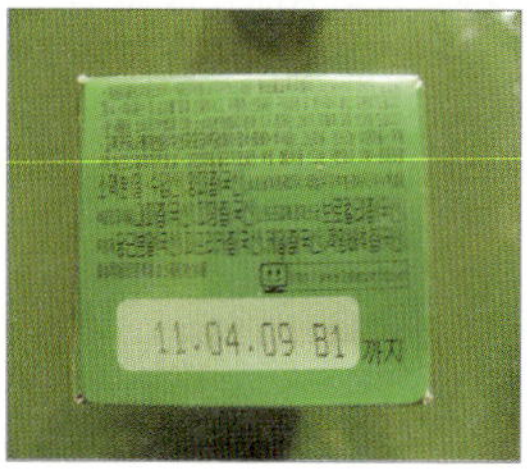

② 전개

〈유통기한을 전후해서 물건의 변화과정 관찰해 보기〉

- 유아 자신이 관찰하고 싶은 음식물을 정한다(관찰대상이 되는 음식물의 사진 아래 유아가 자신의 이름을 쓰거나 자신의 상징물을 붙여 표시한 후 같은 것을 선택한 유아들끼리 소집단을 이룬다).

- 집단별로 종이에 관찰할 음식물의 사진을 붙이거나 그림을 그린 후 유통기한을 적는다(숫자를 적기 어려운 유아를 위해 날짜 스탬프를 준비해 놓는다). 종이에 그날의 날짜를 적는다(유통기한 2~3일 전에 관찰을 시작한다). 관찰할 음식물의 포장지를 벗긴 후 뚜껑이 있는 투명 밀폐용기에 넣는다.
- 관찰이 시작된 날부터 시작해서 매일 종이에 음식물의 변화를 글과 그림 또는 사진을 찍어 기록하고 그날의 날짜를 적는다. 돋보기로 음식물의 변화를 시각적으로 살펴보고, 뚜껑을 열어 냄새가 어떻게 달라지는지도 확인한다. 관찰 내용을 기록한 종이는 파일에 정리한다.
- 음식물의 변화 정도가 심해서 더 이상 관찰이 필요하지 않다고 집단별로 의견이 모아지면 관찰을 중지하고 파일을 정리한다.

③ 마무리

- 각 음식물에 대해 집단별로 관찰 내용을 정리한 종이들을 책자로 묶거나 교실 벽에 전시한다.
- 음식물에 유통기한이 필요한 이유에 대해 다시 한 번 이야기를 나누어 본다.

확장 활동

- 음식물의 시간에 따른 변화과정을 사진이나 그림으로 표현한 종이들을 코팅하여 순서 맞추기 카드 교구로 제작하여 흥미 영역에 비치한다.
- 유통기한이 같은 여러 상표의 식빵을 사서 유통기한이 지난 후 곰팡이가 날 때까지 얼마의 시간이 걸리는지를 살펴볼 수 있다(기간이 오래 걸릴수록 방부제가 많이 들었을 가능성에 대해 이야기해 볼 수 있다).

유의 사항

유아들이 투명 밀폐용기에 들어 있는 유통기한이 지난 음식물을 직접 손으로 만지지 않도록 한다. 냄새를 확인할 경우에만 뚜껑을 살며시 열어서 맡아 보도록 하고, 원하지 않는 경우 시각적인 변화만 살펴본다.

평가

- 유통기한이 지난 음식물이 변화한다는(부패한다는) 사실을 인식하는가?
- 음식물을 구입할 때는 유통기한을 살펴보아야 한다는 사실을 기억하는가?

시장/마트 6 (시장 갈 때 준비물)

활동 제목 시장 갈 때 필요해요

활동 영역 가정연계활동, 이야기 나누기, 언어, 수 조작, 조형 활동

집단 유형 대집단, 소집단, 개별

활동 목표

- 시장 갈 때 준비물이 무엇인지를 가정과의 연계활동을 통해 익힌다.
- 시장에서 물건을 살 때 꼭 필요한 준비물인 돈을 만들어 본다.

활동 자료

- 가정에서 부모님과 작성한 시장 갈 때 필요한 준비물 목록(글, 그림, 사진 등)
- 작은 클립보드에 동전(10원, 50원, 100원, 500원 각각)을 앞면과 뒷면이 보이게 붙인다.
- 기름종이
- 크레파스(갈색, 은색)
- 풀, 가위, 플라스틱 병뚜껑(만들고자 하는 동전 개수만큼)
- 시트지(병뚜껑 크기로 잘라 놓음), 쟁반, 작은 상자 4개(각 상자 바닥에 10원, 50원,

100원, 500원 동전의 앞뒤 모양 그림을 붙여 놓음)

활동 진행 순서

① 도입

〈시장 갈 때 필요한 물건 알아보기: 가정연계활동〉

- 시장 갈 때 필요한 물건이 무엇인지 가정에서 부모님과 함께 목록을 만들어 온다(글, 그림 또는 사진으로 목록을 만들어 온다. 가능하면 실제 물건을 가져오도록 한다.)
- 목록에 있는 물건들을 하나씩 살펴보면서 왜 필요한지 그 이유를 이야기 나눠본다(시장바구니는? 적립카드는?).
- 모두의 목록 안에 공통적으로 들어 있는 것이 무엇인지 살펴본다(돈이 목록에 들어 있지 않은 경우에는 물건을 사기 위해 계산할 때 무엇을 내는지 질문한다. 만일 카드만 낸다고 대답하면, 쇼핑카트를 사용하기 위해 필요한 것은? 답: 100원 동전).

② 전개

〈시장 갈 때 꼭 필요한 돈을 탐색하고 직접 만들어 본다〉

- 시장 갈 때 꼭 필요한 것 중의 하나인 돈을 살펴본다. 돈 중에서 동전의 형태로 유통되는 10원, 50원, 100원, 500원을 직접 손으로 만져 보고, 눈으로 관찰한다.

- 돈 모양을 탁본을 떠서 만들어 본다. 동전이 부착되어 있는 클립보드에 기름종이를 끼운 후 크레파스를 이용해 문질러서 동전의 앞, 뒷면이 기름종이에 옮겨지도록 한다.
- 동전 모양이 새겨진 기름종이를 오린다(오리는 데 능숙하지 않으면 코르크판 위에 올려놓고 핀으로 가장자리를 뚫는 방법을 제시할 수도 있다.)
- 동전 모양의 앞, 뒷면을 병뚜껑의 겉과 안에 붙인 후 시트지를 그 위에 붙여 모형 동전을 만든다.

③ 마무리

- 완성된 동전 모형을 해당하는 상자에 분류하여 담는다(유아에 따라 동전에 적힌 숫자 '100' 이나 글자 '백 원' 또는 그림 '이순신 장군' 을 보고 분류한다).
- 함께 만든 돈을 시장놀이에 사용할 수 있도록 역할놀이 영역에 비치한다.

확장 활동

- 모형 동전 만드는 활동 교구를 흥미 영역에 비치하여 유아들이 자유롭게 활용할 수 있도록 한다.
- 원하는 유아들은 종이로 지폐 돈도 만들어 볼 수 있도록 한다.
- 각 가정의 시장 갈 때 필요한 준비물 목록을 이용하여 그래프 그려 보기
- 세계 여러 나라의 돈 비교하기

유의 사항

동전 모형은 유아들이 만들었기 때문에 교실에서만 사용할 수 있음을 알게 한다 (돈은 사용하는 사람들 사이에 그 값어치에 대한 의견이 동일해야 하는 것으로 나라마다, 시대마다 다른 모양을 사용).

평가

- 시장 갈 때 무엇을 가지고 가야 하는지를 아는가?
- 동전 모형을 혼자서 만들 수 있는가? 교사나 또래의 지원 혹은 연습이 필요한 부분은 무엇인가?

시장/마트 7 (목록대로 장 보기)

활동 제목 장바구니

활동 영역 동화, 수 조작, 조형 활동, 게임 및 신체

집단 유형 대집단, 소집단, 개별

활동 목표

- 장 보기 목록에 있는 물건을 표시된 수량만큼 장바구니에 넣는다.
- 장바구니에 물건을 담고, 장바구니를 옮기는 신체적 운동을 통해 눈과 손의 협응력, 대근육 운동, 협동력 등을 증진시킨다.

활동 자료

- 동화: 장바구니(존 버닝햄, 보림)
- 장 보기 목록판 2개(자석판)
- 물건의 실물 혹은 모형들
- 물건 그림카드(뒷면에 자석띠 부착)
- 장바구니 1개, 종, 쇼핑 카트(개인용), 마스킹 테이프

활동 진행 순서

① 도입

〈장바구니에 들어가는 것은 무엇일까요?-동화책 읽고 이야기 나누기〉

- 존 버닝햄의 『장바구니』 책을 읽어 준 후 장바구니는 왜 필요한지에 대해 이야기를 나눠 본다.
- 장바구니에 들어갈 물건, 즉 사야 할 물건을 잊어버리지 않고 기억하기 위해서는 어떻게 해야 할까요?(장 보기 목록을 만드는 것의 좋은 점, 필요한 이유를 이야기해 본다).
- 유아들과 함께 물건의 실물 혹은 모형 등을 이용하여 어떤 물건을, 어느 개수만큼 구입할지 생각해 본 뒤 물건카드로 장 보기 목록을 만든다(목록의 전체 물건 개수가 활동에 참여하는 유아 수보다 많도록 한다.)

② 전개

〈협력하여 장바구니 채우기-신체활동〉

- 활동을 할 수 있는 준비를 미리 해 놓는다.
  출발점 → 장 보기 목록판 → 물건과 빈 목록판 → 장바구니 → 카트
- 유아는 한 명씩 (혹은 두 명씩) 마스킹 테이프로 표시한 출발점에 서 있다가 종소리와 함께 출발한다.

- 장 보기 목록판에서 자신이 원하는 물건카드 이름을 떼어 낸 후 물건이 있는 곳으로 달려가 물건카드는 빈 목록판에 붙인다. 해당하는 물건을 집은 후 장바구니로 달려가 집어넣는다.
- 유아들이 차례대로 장바구니 목록판에 있는 물건들로 장바구니를 채운다.
- 장바구니가 채워지면 개인용 카트 위에 장바구니를 올려놓고 처음 출발점으로 가지고 온다.

③ 마무리

- 장바구니에 있는 물건들을 하나씩 꺼내면서 장바구니 목록과 비교하여 물건을 계획한대로 구입하였는지 함께 살펴본다.
- 활동에 사용한 교구들을 흥미 영역에 비치하여 유아들이 활용할 수 있도록 한다.

확장 활동

유아들이 시장에 가서 사고 싶은 물건들로 장 보기 목록을 만들어 본다. 유아들의 특성에 따라 글이나 그림, 전단에서 오려 낸 사진들로 목록을 작성한다.

유의 사항

- 장바구니 채우는 게임은 누가 빨리, 더 잘 하느냐를 경쟁하는 활동이 아니라 함께 장을 보기 위해 협력하는 것이 될 수 있도록 한다.
- 쇼핑카트에 장바구니를 올려놓고 끄는 활동은 사전에 유아들이 개별적으로 해 볼 수 있도록 한다.
- 장바구니 채우기 게임에서 출발하는 순서는 다양한 방법으로 미리 정한다.

평가

장 보기 목록에 있는 대로 물건들을 제대로 장바구니에 넣는가?

시장/마트 8 (시장에서 사용하는 말)

활동 제목 뭐라고 얘기할까요

활동 영역 이야기 나누기, 언어, 조작, 게임

집단 유형 대집단, 소집단, 개별

활동 목표 시장에서 물건을 사고팔 때 사용하는 어휘와 표현을 익힌다.

활동 자료

- 시장 빙고 게임
  - 그림 카드(가게나 마트에서 물건을 사고파는 다양한 상황)
  - 각 그림 상황에 적합한 대화가 녹음되어 있는 테이프와 녹음기
  - 빙고카드 판 4개
  - 빙고 말: 4색 각 10개씩

활동 진행 순서

① 도입

〈시장에서 사용하는 말에 대해 이야기 나누기〉

• 그림카드를 하나씩 보면서 어떤 상황인지 같이 생각해 보고 이야기를 나눠 본다(예: 물건을 계산할 때, 시식코너 등).

• 그 상황에서 사람들이 어떤 대화를 나눌지 말해 본다(시장에 많이 가 본 유아들은 자유스럽게 자신들의 경험을 발표하고, 그렇지 않은 유아의 경우는 다른 유아들의 발표를 통해 시장의 다양한 상황에서 오가는 말들을 익히는 기회로 삼는다).

② 전개

〈시장의 다양한 상황 속에서 오가는 적절한 말 익히기-빙고게임〉

• 활동에 참여하는 유아의 수에 따라 집단을 적절하게 구성한 후 빙고카드와 말을 나눠 준다(4명의 소집단이면 유아 한 명당 빙고카드 한 장과 말 한 세트, 대집단이면 전체를 4집단으로 나누어 빙고카드와 말을 나눠 준다. 이미 도입 단계에서 시장 상황에 따른 적절한 말을 살펴보았으므로 집단 구성은 유아의 시장에 대한 사전경험 유무에 관계없이 자유로이 한다).

• 빙고게임의 규칙을 알려 준다.
  - 녹음기에서 나오는 시장에서 사용하는 말을 듣고 자신의 빙고카드에 해당하는 그림이 있으면 그 위에 빙고 말을 올려놓는다.
  - 가로(옆으로), 세로(아래로), 대각선(미끄럼을 타고 내려오듯이)으로 빙고 말 세 개가 나란히 놓이면 손을 들고 빙고를 외친다.

- 시장에서 사용하는 말이 녹음된 테이프를 들려주며 빙고게임을 한다(3~4명이 한 집단일 경우는 빙고 말을 적절히 나눠 가질 수 있다).

③ 마무리

- 빙고를 외친 숫자만큼 작은 상품을 제공한다(시장놀이 할 때 사용할 수 있는 '할인쿠폰' 등).
- 활동에 사용한 교구들을 흥미 영역에 비치하여 유아들이 자유롭게 활용할 수 있도록 한다.

확장 활동

- 녹음된 시장에서의 소리를 듣고 그 상황을 그림으로 표현해 본다.
- 유아 한 명이 헤드세트를 끼고 녹음된 시장에서의 소리를 듣고 그 상황을 몸짓으로 표현하면 다른 유아들이 어떤 상황인지 알아맞힌다.
- 역할극: 그림카드에 있는 상황을 역할극 또는 라디오 드라마로 재연해 보기

유의 사항

빙고게임의 규칙을 잘 이해하지 못하는 유아들의 경우는 다른 유아들이 게임에 참여하는 것을 먼저 관찰함으로써 게임에 편한 마음으로 임할 수 있게 도와준다.

평가

- 시장에서 물건을 사고팔 때 오가는 다양한 말을 상황에 맞게 인식하는가?
- 시장놀이 할 때 상황이나 역할에 적절한 말을 사용하는가?

시장/마트 9 (아나바다 장터)

활동 제목 오늘은 장 보는 날

활동 영역 역할놀이

집단 유형 대집단(종결활동)

활동 목표 시장놀이를 통해 시장의 역할과 기능에 대해 직접 알아본다.

활동 자료

- 유아들이 가정에서 가지고 온 것으로, 자신에게는 필요하지 않지만 쓸 만한 물건들
- 가격 표시판(숫자로 금액을 표시하고, 해당하는 동전 그림을 함께 제시)
- 가게 명칭판
- 진열대
- 모형 동전, 장바구니, 포장지, 비닐봉투, 영수증, 계산기 등

활동 진행 순서

① 도입

- 가정통신문을 통해 각 가정에서 유아에게는 필요하지 않지만 쓸 만한 물건들을 모은다(부모님들에게 책, 옷, 장난감, 먹을 것, 문구류 등 품목별로 하나씩 보내 주시도록 부탁한다).
- 모아진 물건들을 시장(마트)의 어느 가게(혹은 코너)에서 살 수 있는지를 알아보면서 자연스럽게 사물을 판매 장소에 따라 분류한다(활동 4와 연관됨).
- 유아들을 관심 있는 가게에 따라 소집단으로 나눈다(글과 그림으로 가게의 명칭을 제시하고 그 아래 자신의 이름을 써 넣거나 이름 스티커 혹은 자신의 상징을 붙여서 표시한다.).

② 전개

- 소집단별로 자신의 가게 이름을 정하고, 물건들의 가격을 정해 가격표를 만든다(물건의 가격을 결정하는 데 필요한 지침을 유아들에게 제시한다. 예를 들어, 가격표를 만드는 데 필요한 모형 동전 그림을 모두 2000원 제공하고 물건이 5개이면 가장 비싼 것은 500원, 가장 싼 것은 50원으로 하고 나머지 3개는 그 사이의 가격으로 정하도록 한다.).
- 진열대에 가게별로 물건들을 가격표와 함께 진열한다.
- 유아들은 가게별로 진열된 물건들을 살펴보면서 사고 싶은 물건의 목록을 만

든다(활동 7과 연관됨). 각 유아에게 자신이 가져온 물건에 가격이 매겨진 것을 기준으로 하여 모형 동전(활동 6과 연관됨)을 나눠 준다.

- 전체 집단을 둘로 나누어 한 집단이 물건을 파는 역할을 하면, 다른 집단은 사는 역할을 한다.
- 시장놀이를 한다. 맡은 역할과 상황에 적합한 표현을 한다(활동 8과 연관됨).

③ 마무리

- 시장놀이를 통해 구입한 물건을 유아가 사전에 작성한 장 보기 목록과 비교해 본다.
- 시장놀이 경험을 말과 글, 그림 등으로 표현해 본다.

확장 활동

부모님 참관 수업일에 부모님께 유아들이 만든 작품과 음식을 판매한다. 판매할 물품을 정하고, 만들고, 가격을 정하고, 판매하는 데 필요한 역할을 정하는 등 시장놀이에 필요한 역할을 경험할 뿐만 아니라 그 수익금은 좋은 일에 사용한다.

유의 사항

- 유아들이 가정에서 가지고 오는 물품 수량에 큰 차이가 있을 경우, 실제 시장놀이에는 유아마다 비슷한 정도의 물품만을 포함시켜 유아들이 구매에 사용할

수 있는 모형 동전에 큰 차이가 없도록 한다.

- 시장놀이가 시작되기 전 작성한 장 보기 목록을 통해 유아들이 구매하고자 하는 물건을 사전에 확인하여 겹치는 물건이 있을 때는 어떻게 할지 미리 조정한다. 물건을 사고파는 순서에 따라 원하는 물건을 구매하는 데 영향을 미치지 않도록 한다.
- 물건을 판매할 때 필요한 역할(광고문구 만들기, 간판 만들기, 돈 받기, 포장해 주기, 영수증 만들어 주기 등)을 집단 구성원들이 돌아가면서 다양하게 경험해 보도록 한다.

평가

- 시장의 기능과 시장에서 일하는 사람들의 역할이 다양하다는 사실을 인식하는가?
- 시장에서 물건을 사고파는 데 필요한 기능을 상황에 적절하게 활용하는가?

제6장

동 물

1. 주제 선정 이유

혼합연령 교실에서의 주제로 동물을 선택한 이유는 동물은 유아에게 무엇보다 친숙하며 또 유아가 좋아하는 주제이기 때문이다. 아주 어린 시기부터 유아들은 동물과 친숙하다. 유모차를 타고 가다가 강아지라도 만나면 아기는 눈길을 떼지 못한다. 놀이터에서 만나는 비둘기, 다람쥐, 고양이, 풀 속의 개구리 등 유아는 동물에 관심을 보인다. 왜 이렇듯 유아는 동물을 좋아할까? 살아서 반응하는 동물은 탐구하고 싶은 대상이면서, 함께 감정을 나누고 싶은 정서적 대상이기 때문이다. 또한 동물에 대한 관심은 아주 어린 영아부터 유아기 전반에 거쳐 지속적으로 유지된다. 따라서 동물은 혼합연령 교실에서 나이 많은 유아나 어린 유아가 모두 함께 공유하기 좋은 주제이므로 교실의 역동성을 살려 줄 좋은 주제다.

2. 주제망

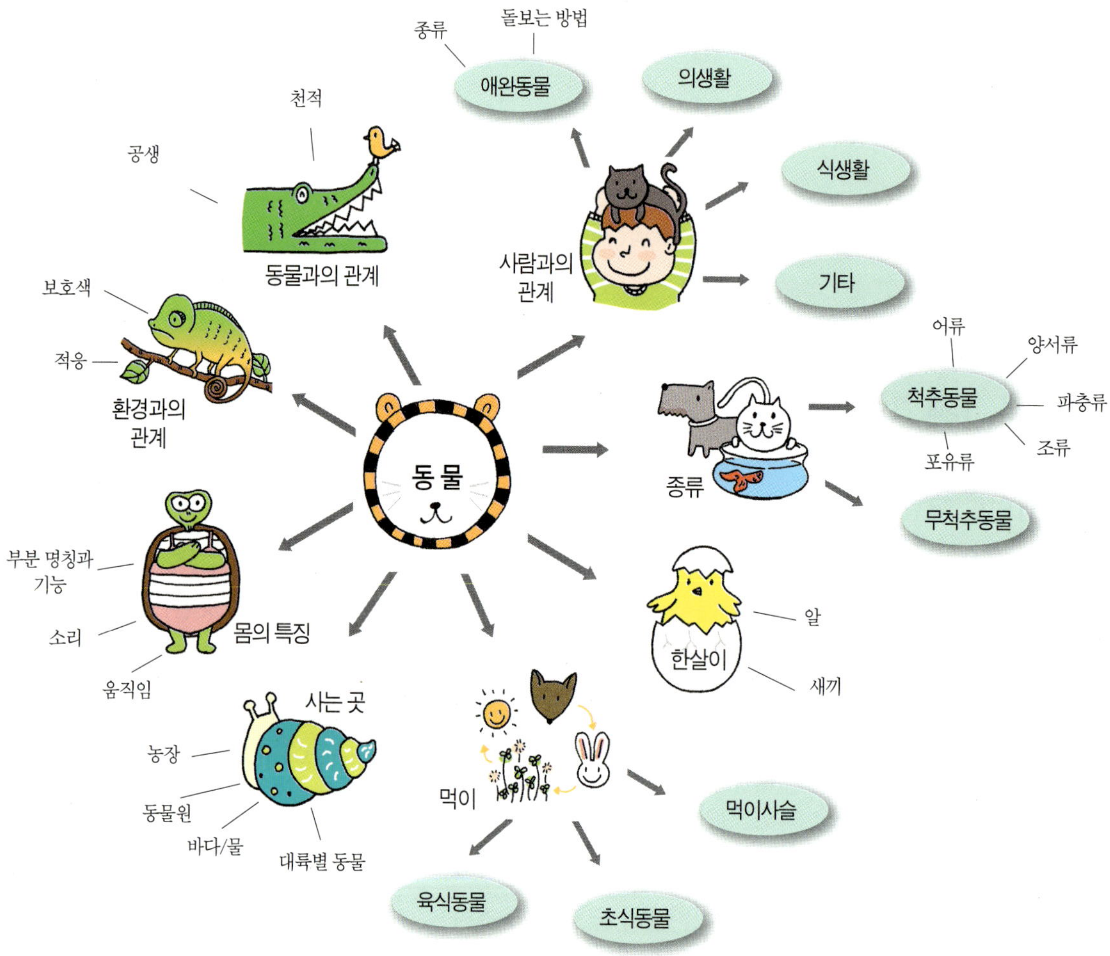
동 물
종류
돌보는 방법
애완동물
의생활
천적
공생
식생활
동물과의 관계
사람과의 관계
기타
보호색
적응
환경과의 관계
어류
양서류
척추동물
파충류
조류
포유류
종류
무척추동물
부분 명칭과 기능
소리
움직임
몸의 특징
알
한살이
새끼
사는 곳
농장
동물원
바다/물
대륙별 동물
먹이
먹이사슬
육식동물
초식동물

3. 주제별 연관 활동망

동 물

〈수 조작/과학〉
- 동물의 분류
  척추동물/무척추동물
- 동물들이 사는 곳 구분하기
  대륙별 동물
- 동물의 다리 수 세기
- 동물 기르며 관찰하기
- 동물소리 녹음하여 들어 보기
  울음소리 빙고게임
- 동물퍼즐 맞추기

〈조형〉
- 상상 속의 동물 표현하기
- 나무젓가락을 이용하여 동물 뼈 만들기
- 동물원 꾸미기
- 동물 농장 만들기
- 동물 발자국 찍기
- 동물 가면/손가락 인형 만들기
- 동물 색종이 접기
- 점토로 동물 만들기

〈언어〉
- 동물 이름의 소개
- 동물 몸의 명칭에 대한 소개
- 나의 새끼를 찾아 주세요
- 동물 관련 어휘 소개
  (공생, 보호색, 멸종동물)
- 동물 꼬마사전 만들기
- '동물원에서' 이야기 만들기

〈동화 · 동시 · 동요〉
- 동화: 세상에서 가장 힘 센 수탉/
  동물의 말을 알아듣는 아이/
  욕심 많은 개/꼬마악어 삐용/
  삐약 우리 엄마세요?/
  내가 최고/띠 이야기
- 동시: 꼬마 염소
- 동요: 작은 동물원/얼룩송아지/
  동물 노래 만들기/
  귀여운 꼬마/

〈이야기 나누기/토의〉
- 육식동물과 초식동물
- 동물과 환경과의 관계
- 동물과 사람과의 관계
- 동물과 동물과의 관계
- 도움을 주는 동물
- 동물을 보호할 수 있는 방법

〈게임 · 신체표현〉
- 게임: 동물들의 올림픽 게임
  소리 듣고 동물 맞추기
  코끼리와 거미줄
  12마리 원숭이
- 신체표현
  동물 움직임으로 표현하기
  동물의 특징으로 표현하기

〈역할/극놀이〉
- 12간지 동물 이야기(띠 이야기)
- 동물 병원 놀이
  수의사가 되어 보기
- 동물 조련사 놀이
- 브레멘의 음악대 역할극

〈견학/초청〉
- 동물원 견학
- 수족관 견학
- 동물 농장 견학
- 동물병원 견학
- 전문가 초청
  수의사
  동물 조련사

4. 활동 전개표

	활동 제목 및 소주제	활동 영역	집단 유형	활동 개요
1	동물들을 나누어요 (척추동물의 분류)	이야기 나누기	대집단 소집단 개별	동물을 척추동물과 무척추동물로 구분할 수 있음을 확인하고, 다시 척추동물들은 어떤 특징에 의해 구분되는지를 알고 어류, 양서류, 파충류, 조류, 포유류로 분류한다. 동물모형과 그림을 이용한다.
2	동물 몸은 어떻게 생겼나요 (동물 몸의 부분명칭과 기능)	언어, 과학	대집단 소집단 개별	그림판이나 부분명칭을 익히는 카드를 활용하여 동물 몸의 각 부분들을 부르는 말에 대해 알아본다. 또 몸의 각 부분이 지니는 기능들에 대해서 이야기를 나눈다. 교구를 사용하고 또 교구는 자유선택놀이로 배치한다.
3	동물은 무엇을 먹나요 (육식동물과 초식동물)	이야기 나누기, 과학	대집단 소집단	동물 먹이를 중심으로 육식동물과 초식동물로 구분하며 그에 따라 생김새의 차이, 행동의 차이 등 어떤 특성들을 지니게 되는지 이야기를 나눈다. 육식동물과 초식동물의 먹이를 알아보고, 그런 지식을 기초로 유치원에 동물들을 초대한다면 어떤 식사를 대접할지 상상해 본다. 그림판을 만들어 게임한다.
4	동물 뼈는 어떻게 생겼나요 (동물의 뼈)	조형	대집단 소집단	동물의 몸속에 뼈가 있음을 알고 X-ray를 찍듯 동물과 동물 몸의 특징, 그 뼈를 확인하여 본다. 또 4~5인을 1조로 가족 집단을 구성하여 좋아하는 동물을 선정하고 그 동물의 뼈는 어떠할지 이야기를 나누고 그것을 색지 위에 나무젓가락이나 색 철사를 이용하여 표현해 본다.
5	동물은 어디에 사나요 (동물의 생태)	과학, 수	대집단 소집단	동물들은 육지와 바다와 하늘 중 어디에서 주로 생활하는지 이야기 나누고 사는 곳에 따라 어떤 특징을 지니는지 알아본다. 또 동물 다리의 수는 어떠한지 살펴본다.
6	동물들의 올림픽 게임(동물의 특성 이해1)	게임 및 신체 표현	대집단 소집단	동물들의 다양한 특성에 대해 알고 있는 내용을 소집단 대항으로 게임하는 형식으로 진행한다. 게임 형식으로 달리기를 잘해 가장 빠른 동물, 음식을 가장 많이 먹는 동물 등의 문제에 답하는 형식으로 진행하여 그 동물의 움직임을 표현한다.
7	동물노래 부르기 (동물의 특성 이해2)	음률	대집단 소집단 개별	가족집단별 가족 대항 게임으로 좋아하는 동요의 리듬에 맞추어 동물 이야기로 노랫말을 바꾸어 불러본다. 동물들의 다양한 특성에 대해 알고 있는 내용을 소집단 대항으로 노래를 만들어 표현하는 형식으로 진행한다.

〈계속〉

8	동물원에 가면 (동물원 꾸미기)	음률, 조형, 언어	대집단 소집단	가족 대항 동물원 꾸미기로 '동물원에 가면 사자도 있고, 호랑이도 있고, 원숭이도 있고 ……' 의 노랫말을 가족집단 구성원들이 의논하여 만든다. 그 노래에 맞추어 OHP 용지에 그림을 그리고 겹쳐 가면서 동물원을 완성한다. 가족사진 등을 등장인물로 만들어 OHP동물원을 배경으로 가족 이야기를 만들어 본다.
9	연극 보러 오세요 (동물 주제극)	언어, 조형, 신체표현	대집단 소집단	12간지 동물들의 동화를 들려준다. 등장인물들의 성격에 대해 이야기를 나누어 보고 12간지 동화를 토대로 연극을 위한 대본을 구성한다. 브레인스토밍을 통해 이를 위해 무엇이 필요한지 목록을 정한다. 팀을 나누어 만들고 연습한 뒤 공연한다.

5. 실제 활동

동물 1 (척추동물의 분류)

활동 제목 동물들을 나눌 수 있어요

활동 영역 이야기 나누기, 과학 선택놀이 활동

집단 유형 대집단, 소집단, 개별

활동 목표

- 척추동물과 무척추동물의 개념을 안다.
- 척추동물과 무척추동물을 구분할 수 있다.
- 척추동물을 어류, 양서류, 파충류, 조류, 포유류로 구분할 수 있다.

활동 자료

- 모형 동물
- 동물이름카드

활동 진행 순서

① 도입

〈교사가 척추동물과 무척추동물을 소개한다〉

–"옆 친구의 등뼈를 만져 보아요. 등뼈를 어려운 말로 척추라고 해요. 동물은 등뼈가 있는 척추동물과 등뼈가 없는 무척추동물로 나눌 수 있어요."

• 동물 모형을 가지고 척추동물과 무척추동물을 분류해 본다.

–"여러 동물을 교실에 데려올 수 없어서 동물 모형을 가져왔어요.
이 동물들을 척추동물과 무척추동물로 나누어 볼까요?"

② 전개

〈척추동물의 분류를 소개한다〉

–"등뼈가 있는 척추동물은 또 여러 종류로 나눌 수 있어요. 어류, 양서류, 파충류, 조류, 포유류로 나누어요."

–"어류는 물속에 살고 아가미를 가지고 있어요. 양서류는 어린 시절에는 물속에서 살다가 성장하면 육지에서 사는 동물로 물속에 젤리 같은 알을 낳아요. 파충류는 건조 비늘로 싸여 있고 냉혈 동물이에요. 조류는 깃털로 된 날개를 가지고 있고 대부분 날

수 있어요. 또 알을 낳아요. 포유류는 알이 아닌 새끼를 낳아 젖을 먹여서 키워요. 또 털이나 머리카락을 가지고 있지요."

• 유아들과 모형 동물들을 하나씩 구분하여 본다.

-"개구리는 어디에 속할까요?" "그래, 개구리는 물속에 젤리 같은 알을 낳고, 다 자라면 물속과 땅 위에서 생활하니까 양서류구나." 등으로 개념을 확인한다.

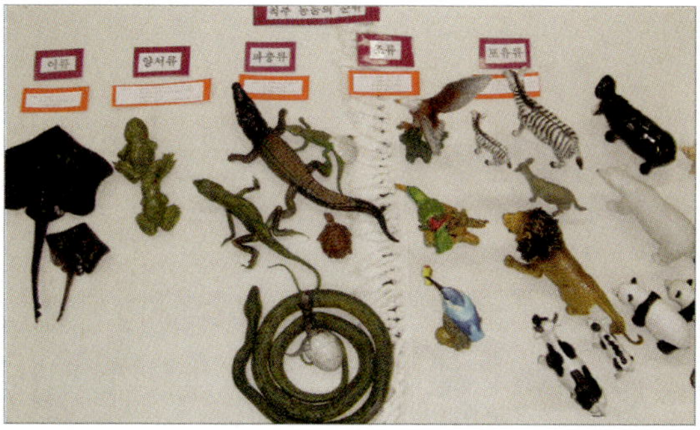

③ 마무리

• 척추동물과 무척추동물의 개념을 다시 확인하다.
• 척추동물을 구분하는 기준을 다시 확인한다.
• 동물모형을 바구니에 담아 과학영역에 두고 개별선택놀이를 할 수 있도록 배치한다.

혼합연령의 효과적 운영을 위해 개인 흥미 수준에 맞는 활동을 선택하도록 난이도를 조절해 줄 필요가 있다. 예를 들어, 더 높은 수준활동으로 분류한 동물의 이름을 적어 본다든지, 하나의 동물 종류를 심층 탐구할 수 있도록 도울 수 있다.

확장 활동

- 모형이 아닌 그림카드를 이용하여 구분하여 본다.
- 유아들이 혼합연령 소집단별로 척추동물의 종류인 어류, 양서류, 파충류, 조류, 포유류 중 선택한 종류를 잡지나 그림에서 찾아 스크랩하여 본다.
- 나이가 많은 유아들을 위해서는 자신의 동물 분류 사전 만들기를 하여도 좋다.

유의 사항

- 유아에게 어려운 개념일 수 있다. 교사는 자연스럽게 반복하여 설명하고 유아가 활동하면서 적절한 언어습득이 가능하도록 돕는다.
- 유아에게 동물 모형이 흥미로워 교육목표에서 벗어날 수 있다.
- 소집단 구성 시 다양한 연령과 성별의 유아들이 고르게 배치되도록 한다.

평가

- 유아들이 척추동물과 무척추동물의 개념을 이해하는가?
- 유아들이 척추동물을 어류, 양서류, 파충류, 조류, 포유류로 구분할 수 있나?

동물 2 (동물 몸의 부분명칭과 기능)

활동 제목 동물의 몸은 어떻게 생겼나

활동 영역 이야기 나누기, 언어

집단 유형 대집단, 소집단, 개별

활동 목표

- 동물의 각 부분의 명칭을 안다.
- 각 부분들이 하는 기능을 안다.
- 동물을 관찰하는 능력을 길러 동물에 대한 더 깊이 있는 학습을 준비한다.

활동 자료

- 동물 그림판
- 동물부분 이름카드
- 동물부분 기능사전(한 면에는 동물의 부분이 그려져 있고, 다른 한 면에는 그 기능이 설명되어 있는 교구)

활동 진행 순서

① 도입

교실에서 관찰할 수 있는 애완동물로 시작하여 활동을 전개하면 더 좋다. 교실에 먼저 거북이를 관찰할 수 있는 영역을 만들어 주면 더 좋다.

- 교사는 동물의 그림판과 부분 명칭카드를 준비한다.
  - "거북이는 어떤 부분들로 이루어져 있는지 알아볼까요?"

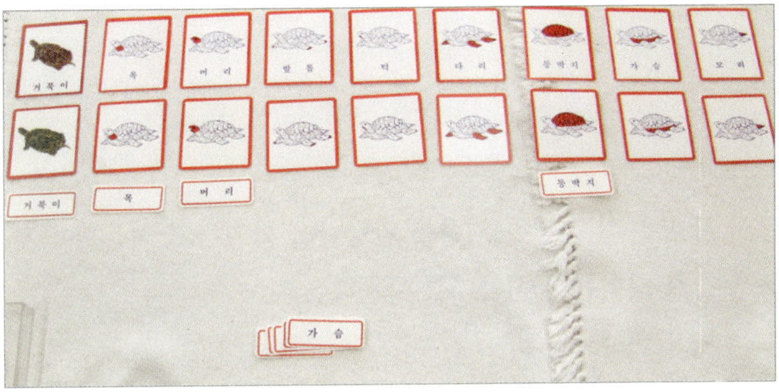

- "거북이의 목입니다." 하면서 목 부분을 가리킨다. '목' 이라는 부분명칭카드를 찾아서 '목' 의 위치에 둔다.
- 같은 방법으로 '다리' '앞발' '뒷발' '꼬리' '등껍질' 등 모든 부분을 확인한다.
- 부분명칭이 다 놓여진 그림판을 보면서 다시 읽어 본다(더 어린 아동들을 위해서는 한 장의 큰 동물그림판을 이용할 수도 있다.).

② 전개

- 교사는 한 면에는 동물의 부분이 그려지고, 다른 한 면에는 그 기능이 쓰여 있는 부분 기능 사전을 준비한다. 각 장에는 각 부분의 기능들이 소개되어 있다.

• 동물의 부분기능 사전을 한 장씩 넘겨 가면서 읽는다(자연스럽게 더 나이 많은 아동이 어린 아동에게 설명하는 연령 간 협동학습이 이루어지기도 한다.).

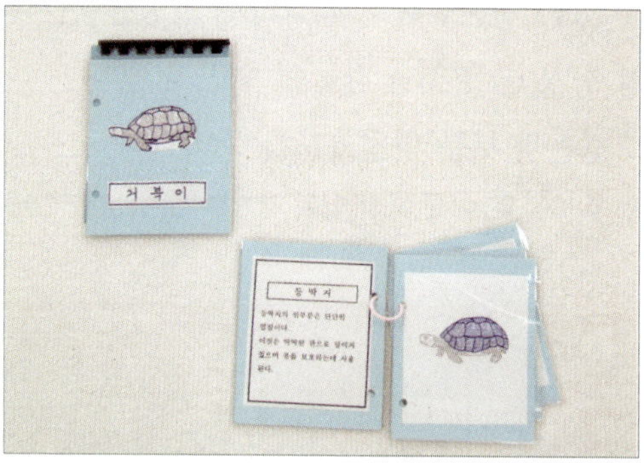

③ 마무리

• 동물 몸의 각 부분이 적절한 역할을 담당함을 확인하고 적응의 측면에서 왜 그런 기능을 갖게 되었을까 이야기를 나눈다.

- "왜 거북이 발에는 발톱도 있고, 물갈퀴도 있을까?"

• 활동한 교구를 바구니에 담아 과학영역에 두고 자유로운 개별 선택놀이를 할 수 있도록 배치한다.

확장 활동

• '나의 부분 사전 만들기' 활동으로 확장할 수도 있다.
• 교실에서 키우는 애완동물의 부분명칭 카드 만들기 활동을 할 수 있다.
• 여러 동물들의 부분명칭이나, 기능에 대한 카드들을 병풍처럼 만들어 교실에 전시할 수 있다.

유의 사항

아동에게 어려운 개념일 수 있다. 교사는 자연스럽게 반복하여 설명하여 아동이 활동하면서 적절한 언어습득이 가능하도록 돕는다.

평가

- 아동들이 동물 몸의 각 부분의 명칭을 아는가?
- 아동들이 동물 몸의 각 부분의 하는 일(기능)을 아는가?

동물 3 (육식동물과 초식동물)

활동 제목 동물은 무엇을 먹나

활동 영역 이야기 나누기, 과학, 표현활동

집단 유형 대집단, 소집단

활동 목표

- 육식동물과 초식동물의 개념을 안다.
- 육식동물과 초식동물의 특징을 안다.
- 육식동물과 초식동물을 구분할 수 있다.

활동 자료

- 모형 동물 또는 동물 그림카드
- 식판 그림
- 음식 그림
- 자석

활동 진행 순서

① 도입

- 교사가 대집단이나 소집단 활동으로 진행한다.

  – "아침에 무엇을 먹고 왔나요?"

- 육식과 초식의 개념을 소개한다.

② 전개

- 동물들도 먹이에 따라 육식동물과 초식동물로 나눌 수 있음을 소개한다.

  – "고기를 먹는 육식동물은 어떤 동물들이 있을까?"
  – "고기를 잘 먹으려면 어떤 특성이 필요할까?"

  사냥을 하기 위해 빠르게 달리는 다리, 날카로운 이빨, 발톱 등이 필요함에 대해 이야기를 나눈다.

  – "풀을 먹는 초식동물은 어떤 동물들이 있을까?"

  초식동물은 넓은 어금니와 끊는 앞니가 있음을 설명한다. 또 되새김을 할 수 있음도 설명한다.

- 육식동물과 초식동물의 특징들을 기억하면서 충분히 이야기를 나누며 아동들과 준비한 모형동물(그림카드)들을 구분하여 본다.

③ 마무리

  – "만약 우리 교실에 동물들을 초대한다면 무엇을 대접할까?"

육식동물인 사자와 호랑이, 초식동물인 염소와 토끼가 놀러온다면 어떤 밥상을 차릴지 게임으로 진행한다.

• 교사는 초대할 동물 그림, 식판 모양의 큰 접시 그림, 다양한 음식 그림들을 준비한다.

칠판에 동물들을 육식과 초식동물로 구분하여 그 앞쪽에 각각 식판그림을 붙인다.

• 아동들과 함께 준비한 음식 그림이 누구를 위한 음식인지 이야기를 나누며 붙여 본다.

동물 친구 밥상차리기

확장 활동

- 초식동물과 육식동물 개념 이해를 기초로 생태계의 먹이사슬 개념까지 확장할 수 있다. '동물의 왕국' 등의 비디오자료를 활용해도 좋다.

  식물이 자라면 그 식물을 먹는 초식동물이 있고 초식동물을 잡아먹는 육식동물이 있으며, 그들이 죽으면 다시 식물의 양분이 되는 관계를 설명한다.
- 아동들이 혼합연령 소집단별로 동물 그림들을 초식동물과 육식동물로 구분하여 스크랩하여 본다(가위를 사용하기 힘든 아동은 손으로 찢어서 할 수도 있고, 그림을 그려서 표현할 수도 있다).

초식동물	 토끼	 염소	 코알라
육식동물	 상어	 사자	 호랑이

- 유아들이 한창 공룡에 관심을 보일 때는 공룡을 대상으로 활동을 확장시켜도 좋다.

구분		
초식공룡	 노도사우루스	 파키케팔로사우루스
육식공룡	 티라노사우루스	 프로오돈

- 육식동물과 초식동물의 특징을 살려 소집단을 대표하는 동물그림을 완성해 볼 수 있다. 소집단을 대표할 동물을 상상해서 정하는 활동이다.

  이름을 먼저 정하고 육식동물로 할지 초식동물로 할지 정한다. 또 어떤 특징들을 지니는지 생각하고 그 내용대로 그림을 전지에 그린 뒤 집단별로 구성원들이 함께 완성한다(한 명은 특징을 살려 그리고 다른 아동은 색칠을 하거나, 콜라주를 하거나 스티커를 붙이거나 협력하여 표현하는 활동이다.).

유의 사항

- 실제로는 잡식동물도 있어서 아동들이 혼동하기 쉽다. 교사가 적절히 고려하여 뚜렷이 구분되는 육식동물과 초식동물을 먼저 소개하도록 한다.
- 소집단 구성 시 다양한 연령과 성별의 아동들이 고르게 배치되도록 한다.

평가

- 아동들이 육식동물과 초식동물의 개념을 이해하였는가?
- 아동들이 육식동물과 초식동물을 구분할 수 있는가?

동물 4 (동물의 뼈)

활동 제목 동물 뼈는 어떻게 생겼나

활동 영역 과학, 조형 활동

집단 유형 대집단, 소집단

활동 목표

- 동물의 몸속에 뼈가 있음을 안다.
- 동물의 뼈를 표현해 볼 수 있다.

활동 자료

- X-ray 사진
- 동물과 몸속 뼈 카드
- 색지
- 색 철사(나무젓가락)
- 투명테이프

활동 진행 순서

① 도입

- 교사가 대집단이나 소집단 활동으로 진행한다.
  몸속에는 뼈가 있음을 소개한다. 뼈가 몸의 모양을 만들어 주고 뼈가 있어서 설 수 있음을 확인한다. 뼈가 없는 동물도 있음을 소개한다.
- X-ray를 찍어 본 경험이 있는지 이야기를 나눈다.
  가능하면 사람의 가슴 등을 찍은 X-ray를 보면서 뼈를 관찰한다.

② 전개

- "동물들을 X-ray 찍으면 어떻게 나올까?"
  "준비 찰칵"
  "여기 나온 사진이 누구의 X-ray인지 찾아볼까?"

동물과 몸속 뼈 카드를 가지고 같은 동물의 뼈를 찾아본다.

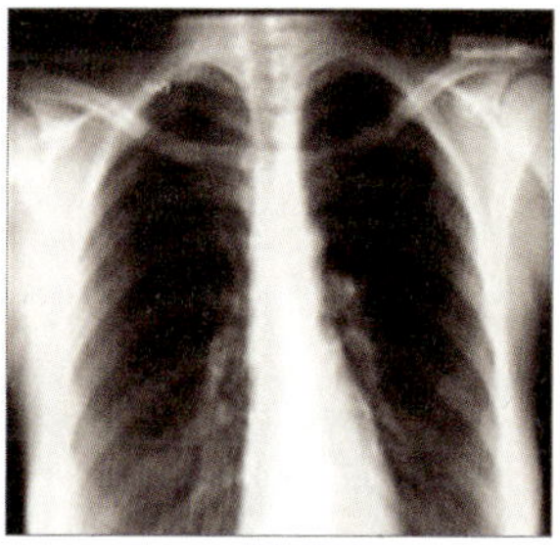
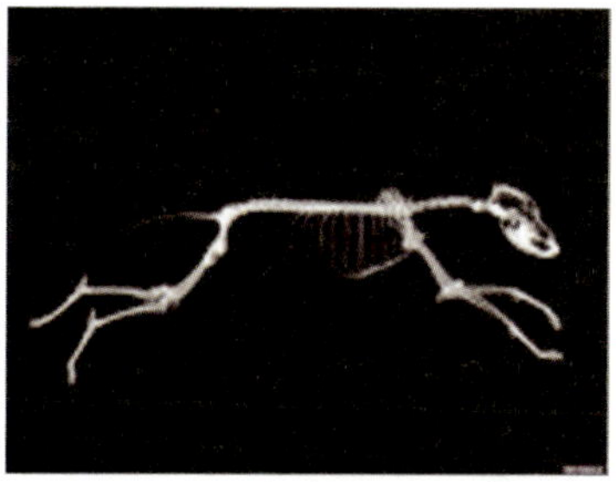

- 소집단으로 나누어 집단별로 좋아하는 동물을 선정한다.
  그 동물의 뼈는 어떤 모습일까? 만약 그 동물이 죽어서 오랫동안 땅에 묻히면 화석이 되는데 그때는 어떤 모습일까 상상한다. 색지에 동물의 외형을 본뜨고 오린다. 준비된 색 철사(나무젓가락)를 이용하여 그려 오려 놓은 동물 본 위에 뼈 모양으로 붙인다.

③ 마무리
- 동물과 몸속 뼈 카드는 바구니에 담아 과학영역에 두고 선택놀이를 할 수 있도록 배치한다.
- 뼈가 있어서 어떤 일이 가능한지 이야기를 나눈다.
  만약 뼈가 없다면……으로 이야기를 나눈다.

확장 활동

- 상자를 이용하여 X-ray 모형을 만들어 활용할 수 있다.
  동물모형을 X-ray 모형에 넣고 나올 사진을 상상하여 그려 보는 활동도 흥미롭다(어린 연령의 경우에는 교사나 더 큰 아동들이 만들어 놓은 사진으로 짝 맞추기 활동을 하여도 좋다.).
- 자연사 박물관에 다녀온 뒤 공룡 뼈 만들기로 확장할 수 있다.
  화석의 개념을 자연스럽게 소개할 수 있다.

유의 사항

- 수수깡이나 나무젓가락을 자를 때 교사의 도움이 필요할 수 있다.

• 소집단 구성 시 다양한 연령과 성별의 아동들이 고르게 배치되도록 한다.

평가

• 아동들이 동물의 몸속에 뼈가 있음을 이해하는가?
• 아동들이 뼈가 없는 동물이 있음을 알고 있나?
• 아동들이 뼈의 역할을 이해하는가?

동물 5 (동물의 생태)

활동 제목 동물은 어디에 사나

활동 영역 이야기 나누기, 수 조작, 과학 활동

집단 유형 대집단, 소집단, 개별

활동 목표

- 지구가 땅, 물, 공기로 구성됨을 안다. 동물들이 주로 생활하는 공간에 대해 안다.
- 동물의 생활공간에 따른 생태를 이해할 수 있다.
- 동물의 다리 수를 셀 수 있다.

활동 자료

- 각각 흙, 물, 공기가 담긴 유리병 3개, 투명 비닐 주머니, 종이, 연필
- 하늘, 바다, 육지에 대한 그림들, 동물 모형이나 그림

활동 진행 순서

① 도입

- 교사가 대집단이나 소집단 활동으로 진행한다.
- 우리가 사는 지구는 무엇으로 이루어져 있는지에 대해 이야기를 나눈다.

  - "우리가 사는 지구는 무엇으로 이루어져 있을까요?"

- 교사가 땅(육지), 물(바다), 공기(하늘)에 대해 이야기 나눌 교구를 준비한다.

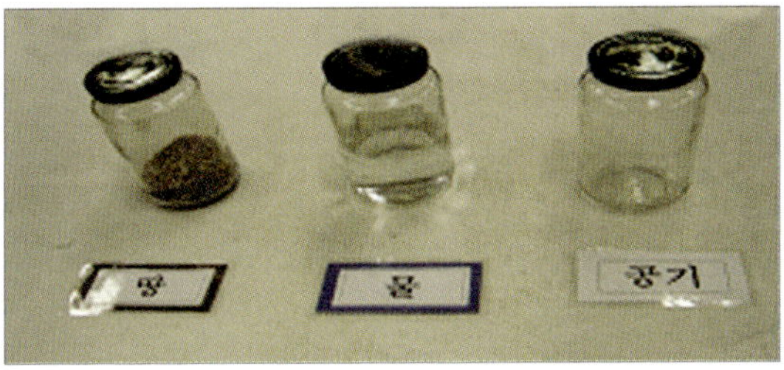

- 병에 담긴 흙을 보며 이야기한다.

  - "어디에서 흙을 볼 수 있지요? 땅 위에 있는 흙을 담아 왔어요. 산이나 도로, 운동장, 논, 밭에서 우리는 흙을 볼 수 있어요. 우리가 살고 있는 땅은 흙으로 이루어져 있어요."

- 병에 담긴 물을 보며 이야기한다.

  - "어디에서 물을 볼 수 있지요? 강, 호수, 시냇물, 연못, 바다 같은 곳에서 물을 볼 수 있어요."

- 비어 있는 병을 보여 주며 공기에 대해 이야기를 나눈다.

- "이 병 안에는 무엇이 들어 있을까? 이 병은 빈병이 아니에요. 여기에는 눈에는 보이지 않지만 공기가 들어 있어요. 공기가 있는 것을 어떻게 알 수 있을까요?"

손바닥에 바람을 불어 보거나 비닐 주머니에 공기를 넣어 느껴 본다.

• 준비한 하늘, 바다, 육지에 대한 그림 카드들을 이야기를 나누며 분류해 본다.

② 전개

• 동물들이 주로 생활하는 공간에 대해 이야기를 나눈다.

- "그럼 하늘, 바다, 육지에서 생활하는 동물에는 무엇이 있을까?"

'하늘에는……' '바다에는……' '육지에는……' 등으로 준비한 동물 모형(또는 그림)들을 가지고 이야기를 나눈다.

• 동물의 생활공간에 따른 생태에 대해 이야기를 나눈다.

하늘에서 생활하는 조류, 새들은 날개를 지니고 주로 다리가 2개이며, 바다와 물에서 생활하는 동물들은 지느러미와 비늘, 아가미가 있고 다리가 없고, 육지에서 생활하는 동물들은 다리의 수가 4개이며…… 등으로 이야기를 나눈다.

③ 마무리

- 동물의 생활공간과 관련된 그림책을 함께 읽는다.
- 양서류의 특성이나 펭귄이나 바다사자와 같이 예외적인 동물들을 소개해도 좋다.
- 하늘, 바다, 육지에 대한 그림들, 동물 모형이나 그림 등을 바구니에 담아 과학 영역에 두고 선택놀이를 할 수 있도록 배치한다.

확장 활동

- 농장에 사는 동물, 동물원에 사는 동물, 애완동물로 집에서 기르는 동물 등으로 확장하여 학습할 수 있다.

집짐승과 들짐승

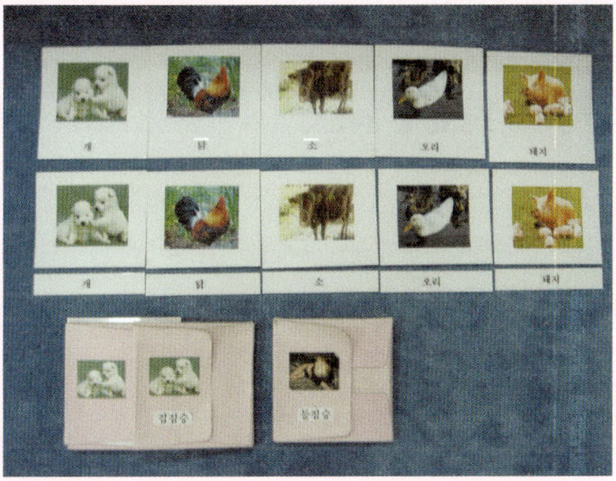

- 집단으로 나누어 7개 대륙별로 각 대륙의 특징적인 동물을 찾아보고 스크랩 만들기를 할 수 있다.
- 조사한 스크랩에 기초하여 전지에 세계지도를 그리고 대륙별 동물을 그리거나 오려서 구성하여 본다.

유의 사항

- 조류가 하늘에서 산다기보다는 주로 활동하는 곳이 하늘인 것이므로 설명할 때 주의를 요한다.
- 소집단 구성 시 다양한 연령과 성별의 아동들이 고르게 배치되도록 한다.

평가

- 동물들이 주로 생활하는 공간에 대해 아는가?
- 동물의 생활공간에 따른 생태를 이해하고 있나?

동물 6 (동물의 특성 이해 1)

활동 제목 동물들의 올림픽 게임

활동 영역 이야기 나누기, 게임

집단 유형 대집단, 소집단

활동 목표

- 동물들의 다양한 특성을 안다.
- 동물의 특성을 몸동작으로 표현할 수 있다.
- 서로 다른 연령의 소집단이 협력하여 문제해결을 하는 능력을 기른다.

활동 자료

- 동물의 특성을 소개한 책
- 퀴즈 문제

활동 진행 순서

① 도입

- 『내가 최고』라는 책을 통해 동물들의 가장 뛰어난 부분에 대해 이야기를 나

눈다.

- 가장 빠른 동물은?
- 가장 새끼를 많이 낳는 동물은?
- 가장 멀리 나는 새는?
- 가장 큰 동물은?

• 동물에게 왜 그런 특성이 발달하게 되었는지 이야기를 나누면서 적응의 개념을 소개한다.

동물들의 생태환경에 따라 가장 잘 살아갈 수 있도록 발달된 신체 부분들에 대해 이야기를 나눈다. 예를 들어, 오리발에 있는 물갈퀴는 물속에서 헤엄치기 위함이고, 나무늘보의 강한 발톱은 나무에 매달리기 위해 발달된 부분이다.

동물의 적응

오리 물갈퀴

나무늘보의 발톱

② 전개

- 4～5명씩 연령이 고르게 분포되도록 배려하여 소집단 가족을 구성한다.
- 교사가 준비된 퀴즈 문제를 제시하면 가족별로 협력하여 문제의 답을 찾는다.

  대답하는 형식에 변화를 주어 흥미를 유발한다. 예를 들어, '가장 무게가 많이 나가는 동물은?'이라는 문제에는 가족 중 2명을 선별하여 가장 많은 몸무게를 만들어 본다든지, '가장 키가 큰 동물은?'이라는 문제에는 답을 몸동작으로 표현해 볼 수 있다. '가장 빠른 동물은?'에는 대표 선수를 정해 달리기 경주를 해 보아도 즐겁다.

③ 마무리

- 활동을 정리하면서 아동들이 동물의 특성을 이해하고 환경과 적응이라는 개념을 이해할 수 있도록 돕는다.

  천적들의 눈에 잘 띄지 않기 위해서 자신의 몸 색깔을 환경과 유사하게 하는 동물들의 보호색에 대해서도 소개할 수 있다. 예를 들어, 새알의 얼룩무늬, 바닷속의 가오리, 카멜레온의 피부색 변화 등은 환경과 유사하게 보이게 하려는 동물의 노력이다.

동물 보호색			
	새알의 얼룩무늬색	가오리의 갈색얼룩무늬색	카멜레온의 피부색

- 동물의 특성에 대한 퀴즈 문제를 카드 문제 형식으로 구성하여 바구니에 담고 과학영역에 두어 선택활동으로 둔다(아동들 스스로 다양한 응용방법을 생각하여 활동하는 것을 관찰할 수 있을 것이다.).

확장 활동

- "우리 반에서 가장…?" 활동으로 변형할 수 있다.
  가장 달리기를 잘하는 아동에게는 치타상, 가장 키가 큰 아동에게는 기린상 등 재미난 상을 만들어 수여한다.

- 상장을 만드는 과정을 아동들이 진행한다.
  특징이 잘 드러나도록 그림을 그리고, 글을 써 보는 과정에서 아동 각자의 수준을 반영한 많은 협력이 일어날 수 있다. 예를 들어, "코알라상, 위 어린이는 낮잠 시간에 코알라처럼 누구보다 잘 자서 친구들에게 모범이 되므로 이 상장을 줍니다."

유의 사항

퀴즈 문제를 선정할 때 아동들의 수준을 고려해야 한다. 너무 생소한 동물보다는 친근한 동물이 활동하기에 더 유리하다.

평가

- 동물들의 다양한 특성을 아는가?
- 동물의 특성을 몸동작으로 표현할 수 있는가?
- 환경과 적응의 개념을 이해하는가?
- 여러 연령 수준에서 소외됨이 없는 원활한 협력이 진행되는가?

동물 7 (동물의 특성 이해 2)

활동 제목 동물노래 부르기

활동 영역 이야기 나누기, 음률

집단 유형 대집단, 소집단

활동 목표

- 동물들의 울음소리, 다양한 특성을 안다.
- 동물의 특성을 음률로 표현할 수 있다.
- 서로 다른 연령의 소집단이 협력하여 문제해결을 하는 능력을 기른다.

활동 자료 동요악보판

활동 진행 순서

① 도입

- 교사는 동물들이 등장하는 동요를 선곡한다.

〈귀여운 꼬마〉〈얼룩 송아지〉〈코끼리와 거미줄〉〈곰 세 마리〉〈악어떼〉〈산중호걸〉〈어린 송아지〉〈여우야 여우야〉〈숲속 작은집〉〈코끼리 아저씨〉〈달팽

이집〉 등

- 동요를 아동들과 함께 부르기 위해 동요 악보를 준비한다.

② **전개**

- 아동들에게 동물이 등장하는 동요를 악보와 함께 소개한다.
  (악보는 음표로 그릴 수 있지만, 아동들의 다양한 수준을 고려하여 그림으로도 가사를 표현할 수 있다.) 함께 배운 동요는 그 악보를 두꺼운 종이에 그리고 코팅하여 모아 둔다.
- 4~5명씩 연령이 고르게 분포되도록 배려하여 소집단 가족을 구성한다. 가족별로 좋아하는 동요 악보를 고른다.
- 동요를 부르다가 동물이 등장하는 부분에 아동들의 이름을 넣어 가면서 불러 본다. 가사를 개사하여 재미나게 표현하여 본다. 예를 들어, 〈귀여운 꼬마〉의 경우, 귀여운 동현이가 돼지우리에 가서 돼지를 꺼내려다 놓쳤다네. 닭장 밖에 있던 배고픈 호랑이 옳거니 하면서 물고 갔다네……(아동들의 연령에 따라 다른 창의적 생각들과 장난스러움이 묻어날 것이다)와 같이 변경할 수 있다.

③ 마무리

재미나게 구성한 노래를 친구들 앞에서 소집단 가족별로 불러 본다(글을 못 읽는 아동들을 위해 가사 부분에 그림으로 표현하도록 격려해도 좋다).

확장 활동

- 소집단 가족별로 동요를 듣고 그림으로 표현하는 활동을 할 수 있다.
- '나의 동요집' 만들기 활동: 자신이 좋아하는 동요와 아는 동요들의 가사를 그림으로 표현하여 모아 두어 책을 만드는 활동(글을 쓰고 싶어 하는 경우나 악보를 그릴 수 있는 아동은 그렇게 해도 좋다.)
- 동요의 악보를 스티커로 붙여 보는 활동으로 교사는 칸이 넓은 빈 악보와 검은 동그란 스티커를 준비해 둔다. 음률 영역에 준비된 개별 활동이다.
  아동은 교사가 미리 만들어 둔 동요판을 보고 준비된 빈 악보를 차례로 스티커를 붙여 완성하고 그것을 보면서 노래를 불러 본다.

유의 사항

- 연령에 적합한 적절한 도전이 이루어지도록 난이도를 조절해야 한다.
- 너무 쉽거나 어렵지 않도록 동요의 선정이나 활동의 구성을 계획한다.

평가

- 동물들의 울음소리, 다양한 특성을 아는가?
- 동물의 특성을 음률로 표현할 수 있는가?
- 서로 다른 연령의 소집단 구성원들이 소외됨이 없이 협력하여 문제를 해결할 수 있는가?

동물 8 (동물원 꾸미기)

활동 제목 동물원에 가면?

활동 영역 이야기 나누기, 언어, 표현

집단 유형 대집단, 소집단

활동 목표

- 동물원에서 본 것들을 말할 수 있다.
- 동물원에서 본 것들을 그림으로 표현할 수 있다.
- 동물원에서 가족의 이야기를 만들 수 있다.
- 서로 다른 연령의 소집단이 협력하여 문제해결 능력을 기를 수 있다.

활동 자료

- OHP 용지, 색지, 사인펜, 가위, 투명테이프, 유아 사진

활동 진행 순서

① 도입

- 소집단 가족활동으로 진행한다.

- "동물원에 다녀온 적이 있나요? 무엇을 보았나요? 이제 친구들과 의논하여 동물원에서 본 것을 모두 기억해 보세요."

- 동물원에 가면, 사자도 있고, 원숭이도 있고, 풍선도 있고⋯⋯ 등으로 소집단 가족별로 노래를 만들어 보도록 안내한다.
- 전체 모여서 소집단 가족별로 완성된 노래를 차례로 함께 불러 본다.

② 전개

- "이제 그 노래 가사 그대로 동물원을 그려 봅시다."

소집단 가족별로 색지, 사인펜을 이용하여 OHP 용지에 한 장씩 겹쳐 가며 그림을 그린다.

- 함께 의논하면서 완성한다(한 유아는 그림을 그리고 더 어린 유아는 색칠을 돕고, 경험을 나누며 진행한다).
- 다 그린 그림을 한 장씩 차례로 겹쳐 본다. 완성되어 가는 그림이 주는 즐거움이 크다.

③ 마무리

- 소집단 가족원의 모습을 사진과 색지를 이용하여 만들고 여분의 OHP 용지를 붙여 움직일 수 있는 인형을 만든다.
- 준비된 동물원 그림에 가족 인형들을 등장인물로 하여 소집단별로 동물원에서의 이야기를 만든다.
- 전체 앞에서 소집단 가족별로 이야기를 들려준다.

부직포나 동물사진 등을 준비하여 동물원을 만들어 보아도 좋다. 동물원의 조련사가 안내하는 놀이도 흥미롭다.

동물원과 조련사아저씨

확장 활동

- ‘수족관에 가면… 농장에 가면…’ 이라는 활동으로 변형 가능하다.
- 동물원의 수의사, 조련사 등을 초청하여 동물들과 동물원이야기를 들어 본다.

유의 사항

- 경험했던 내용들을 회상하여 적절히 구체화시키도록 돕는다.

동물원에서 본 동물 자체에만 국한되기보다는 풍선, 사람들, 음식점, 꼬마기차 등 전반적인 내용을 이야기한다.

평가

- 소집단별로 서로 협력하여 문제를 해결하는가? 한 유아가 소외되거나 너무 주도적인 면이 나타나는가?
- 동물원에서 본 것들을 언어와 그림으로 잘 표현하였는가?

동물 9 (동물 주제극)

활동 제목 열두 띠 이야기

활동 영역 주제극

집단 유형 대집단, 소집단

활동 목표

- 동물들의 다양한 특성을 알고 대본으로 표현한다.
- 동물의 특성을 담아 가면과 의상으로 표현할 수 있다.
- 서로 협력하여 문제해결을 하는 능력을 기른다.

활동 자료 동화, 대본, 의상, 가면, 무대 배경

활동 진행 순서

① 도입

- 12간지 동물의 이야기를 담은 동화책 『열두 띠 이야기』를 함께 읽는다.
- 『열두 띠 이야기』의 동물들, 등장인물의 성격에 대해 이야기를 나눈다.

- 이 동화를 연극으로 만들려면 무엇이 필요할지 이야기를 나눈다(어린 연령 유아의 의견이 소외되지 않도록 배려한다).
  대본, 가면, 무대 배경, 의상, 소품, 조명, 초정장 등

② 전개

- 팀을 나누어 연극을 준비하기 위한 역할을 나눈다.
  - 등장인물은 누가 하면 좋을지 결정한다.
- 동화책의 대사를 중심으로 대본을 구성한다.
  - 유아들의 이야기를 넣어 재미나게 변화시켜도 좋다.
- 동물의 특성을 살린 가면을 종이봉투나 다른 재료를 이용하여 만든다.
- 무대 배경은 교사와 함께 구성한다.
- 의상과 소품은 무엇이 필요할지 선정하고 부모님의 도움을 받아도 좋다(부직포를 이용하여 스테이플러로 간단한 의상을 만들 수 있다.).

③ 마무리

- 준비한 대본을 가지고 충분한 연습을 한다.
- 무대로의 등장과 퇴장순서, 무대에서 서는 위치, 대사를 할 때 표현할 동작도

함께 의논하여 정한다.

확장 활동

• 초청장 만들기

유아의 손으로 부모님께 드릴 초청장을 만든다.

• 다른 동화를 연극으로 구성하여 본다.

유의 사항

• 종이봉투를 이용하여 가면을 만들 때 눈과 코를 넉넉히 뚫는다.

• 유아들이 소외됨이 없이 모두 참여하도록 적절한 역할의 배분에 유의한다.

평가

• 동물들의 다양한 특성을 알고 대본으로 표현하였나?

• 동물의 특성을 담아 가면과 의상으로 표현되었나?

• 서로 협력하여 연극을 완성하였나?

• 부모님의 협력은 가능하였나?

제7장

여러 가지 탈것

1. 주제 선정 이유

오늘날 현대인은 다양한 교통수단을 이용하여 전 세계를 여행한다. 육지와 바다, 하늘을 가르며 이동수단의 역할을 하는 '탈것' 은 시대의 변화와 과학의 발전에 따라 그 특징과 생김새가 다양하다.

다양한 교통수단은 우리 주변에서 쉽게 볼 수 있으며 누구나 이용가능하다는 점에서 친근한 주제다. 또한 '탈것' 은 성별과 연령에 상관없이 누구나 흥미를 가지고 접근할 수 있다는 점에서 혼합연령 프로그램에서 다루기에 적합한 주제라고 할 수 있다. 혼합연령 교실에서는 동일한 주제와 영역에서도 유아의 흥미와 발달 수준에 따라 서로 다른 방식의 접근이 가능하며 개개인의 흥미와 발달 수준에 따라 구성된 집단 활동에 자유롭게 참여할 수 있는 장점이 있다. 또한 서로 다른 흥미와 발달 수준을 가진 유아의 활동을 관찰함을 통해 서로 영향을 주고받으며 상호작용할 수 있다. 이 장에서는 혼합연령 학급 내에서 '탈것' 에 대한 다양한 영역별 활동이 어떻게 이루어지는지 살펴본다.

2. 주제망

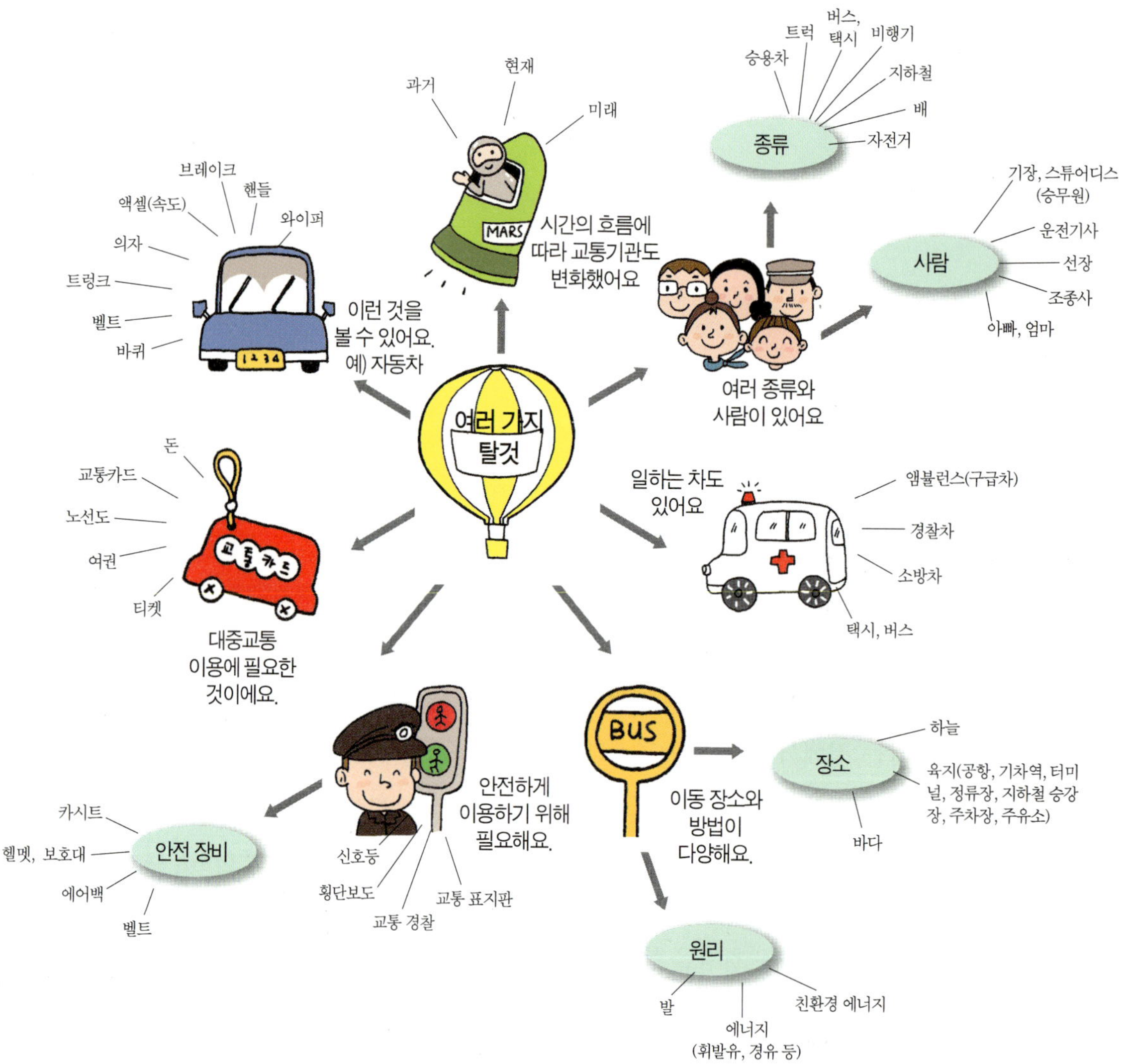
여러 가지 탈것
시간의 흐름에 따라 교통기관도 변화했어요
과거
현재
미래
MARS
여러 종류와 사람이 있어요
종류
승용차
트럭
버스, 택시
비행기
지하철
배
자전거
사람
기장, 스튜어디스(승무원)
운전기사
선장
조종사
아빠, 엄마
이런 것을 볼 수 있어요. 예) 자동차
브레이크
핸들
액셀(속도)
와이퍼
의자
트렁크
벨트
바퀴
1234
일하는 차도 있어요
앰뷸런스(구급차)
경찰차
소방차
택시, 버스
대중교통 이용에 필요한 것이에요.
돈
교통카드
노선도
여권
티켓
교통카드
안전하게 이용하기 위해 필요해요.
안전 장비
카시트
헬멧, 보호대
에어백
벨트
신호등
횡단보도
교통 경찰
교통 표지판
이동 장소와 방법이 다양해요.
BUS
장소
하늘
육지(공항, 기차역, 터미널, 정류장, 지하철 승강장, 주차장, 주유소)
바다
원리
발
에너지(휘발유, 경유 등)
친환경 에너지

3. 주제별 연관 활동망

〈수 · 조작/과학〉

- 숫자 세기, 수와 길이 비교하기
  예) 자동차 바퀴와 자전거 바퀴 수 세기, 크기 비교, 기차와 자동차 길이 비교, 띠그래프를 통해 다양한 사물의 비교
- 바퀴의 움직임 이해하기
  예) 바퀴는 왜 둥글까?/ 사 · 오 · 육각형 바퀴를 만들어서 실험 · 관찰 · 비교
- 전체와 부분 알기(실험과 관찰)
  예) 자전거 분해, 헬멧, 안전벨트

〈표상 · 조형〉

- 내가 좋아하는 교통수단 그리기
- 다양한 자료(재활용품, 상자, 지점토 등)를 이용하여 교통수단 만들기
- 주차장 꾸미기(협동작품)
- 바퀴에 물감 묻혀 굴려 보기
- 교통 표지판, 교통경찰 야광 복장과 안전봉 만들어 보기
- 미래에 내가 타고 싶은 교통기관 표현하기
- '탈것' 이용에 필요한 것 만들기

〈언어〉

- 다양한 교통수단의 종류와 관련 직업 알아보기
- 교통기관과 관련된 소리(안내방송, 의성어, 의태어) 알아보기
- '일하는 차'의 역할과 특징 알기
- 자동차의 구성요소와 교통 표지판의 의미 이해하기
- 교통기관 관련 책자 만들기
  예) 가정연계활동 또는 소집단 활동(발달수준이 높은 아동은 글과 그림, 낮은 아동은 그림 그리기와 꾸미기)
- 교통기관 관련 NIE 활동

〈동화 · 동시 · 동요〉

- 동화: 붕붕붕 버스, 도서관 차, 바다에는 배가 많아요, 아빠 이건 뭐예요, 타타와 뚜뚜, 출동이다 경찰차, 야 우리 기차에서 내려, 화물 열차, 긴 것은 기차, 자전거를 타요, 부릉부릉 캠핑카 등
- 동시: 신호등, 산골버스, 자전거, 기구를 타고 등
- 동요: 굴속으로, 기차놀이, 더 빠른 것 더 느린 것, 자전거 등

〈이야기 나누기/토의〉

- 현장 체험 후 이야기 나누기
- (교통기관 관련) 내 장난감 소개하기
- ○○에 다녀온 이야기/갈 수 있는 다른 방법 예) 나는 아빠랑 엄마랑 비행기 타고 제주도에 가 본 적이 있어요./ 할머니 댁에는 자동차를 타고 갈 수도 있고 기차를 탈 수도 있어요.
- 내가 타 본 것과 타 보고 싶은 것
- 과거/미래 교통수단 상상해 보기
- 안전띠는 왜 매야 하는지, 신호등과 횡단보도, 교통경찰 아저씨는 왜 있는지 생각하고 토의하기

〈게임 · 신체표현〉

- 게임: 누가 누가 빨리 가나, 교통기관 소리를 듣고 맞혀 보기, 빙고 게임 예) 여러 가지 교통기관 그림과 글자가 있는 빙고판에 "내가 유치원에 올 때 타는 것" "가장 재미있었던 교통기관" 등을 표시하여 먼저 빙고를 만들면 승리
- 신체표현: 칙칙폭폭 기차놀이, 내가 운전을 해요, 신호등 놀이, 훌라후프 터널, 신문지 과속방지턱 통과하기

〈역할/극놀이〉

- 택시(손님과 기사) 상황극 놀이
- 칙칙폭폭 기차 놀이
- 주유소 놀이(주유하기, 세차하기)
- 동대문 놀이(동동동대문을 열어라)
- 선장이 되어 배 조종하기
- 소방차 출동 놀이
- 우주선 타고 여행하기
- 교통경찰관 되어 보기(교통경찰 복장을 입고 방향 지시)
- 동화책 이야기 동극 활동

〈건강/안전〉

- 현장체험(국립철도 박물관, 어린이교통공원, 삼성화재 교통박물관, 서울시 지하철 체험, 자전거 교통안전체험 교육장 등)
- 안전하게 횡단보도 건너기
- 대중교통을 이용할 때 지켜야 할 규칙 익히기
- 자동차 안에서 지켜야 할 규칙을 익히기
- 안전장비 착용방법 알아보기

4. 활동 전개표

	활동 제목 및 소주제	활동 영역	집단 유형	활동 개요
1	내가 좋아하는 교통기관(다양한 교통기관)	이야기나누기, 수, 조형 활동	대집단 개별	띠그래프를 통해 학급 내 유아들이 좋아하는 교통기관은 무엇인지 알아봄. 다양한 자료를 사용하여 자신이 좋아하는 교통기관을 표현하는 1차 표상활동을 진행함.
2	쉿~ 들어 보세요(교통기관 관련 소리)	이야기나누기, 언어활동	대집단 소집단	다양한 교통수단을 이용할 때 들을 수 있는 안내방송뿐만 아니라 관련된 의성어와 의태어를 듣고, 글자와 그림을 보고 짝짓기함으로써 1:1 대응과 관련성에 대한 이해를 높임.
3	교통기관의 종류와 특징(전체와 부분)	이야기나누기, 언어활동	대집단 개별	견학(체험)을 다녀온 후, 당일 찍은 사진과 동영상, 관련 자료 등을 보며 다양한 교통기관 구성요소의 명칭과 특징에 대해 이해하고, 관련 자료를 쉽게 접할 수 있도록 환경영역에 비치함.
4	굴러가는 바퀴(바퀴의 움직임)	이야기나누기, 수 조작 및 과학	대집단 소집단 개별	바퀴를 통해 수 세기와 크기 비교를 실시함. 바퀴에 물감을 묻혀 종이 위에 굴려 보고 다양한 모양의 바퀴(원, 사각형, 오각형, 육각형)를 직접 굴려 봄으로써 원 모양의 바퀴가 굴러가기에 용이함을 이해함.
5	안전 규칙을 지켜요(교통 표지판)	이야기나누기, 토의, 조형활동	대집단 소집단 개별	유아가 실생활에서 쉽게 접할 수 있는 다양한 교통 표지판을 관찰하고 의미를 이해함으로써 안전 규칙을 지킬 수 있도록 지도함. 직접 교통 표지판을 만들어 보고 교사는 이를 코팅하여 교실환경에 비치하여 유아의 놀이에 사용할 수 있도록 함.
6	혼자 할 수 있어요(교통안전 교육)	이야기나누기, 신체활동	대집단 개별	안전한 교통기관 이용을 위해 신호등, 횡단보도를 건널 때의 규칙을 체험해 봄. 직접 보호 헬멧, 벨트 등을 착용해 봄으로써 실생활에서 스스로 착용할 수 있도록 도움.
7	빠앙~! 출발합니다(교통기관 운전하기)	게임 및 신체표현, 역할/극놀이	대집단 소집단 개별	신문지로 만든 파속방시딕, 훌라후프 터널, 횡단보도, 신호등으로 도로를 만들고 '좋아하는 교통기관'을 정함. 소집단 활동에서 만든 교통기관을 타고 누가 안전 규칙을 잘 지키며 먼저 도착하는지 게임을 실시함.

〈계속〉

8	하늘을 날아요 (미래의 교통기관)	이야기나누기, 토의, 조형 활동	대집단 소집단	과거와 미래의 교통기관을 상상하며 자유롭게 이야기를 나누고, 유아가 미래에 타 보고 싶은 교통기관을 직접 만들어 봄.
9	초대합니다 (교통기관 전시회)	조형 활동 전시	대집단 (종결 활동)	'교통기관' 주제탐구표현활동 기간 동안 완성한 작품들을 전시하고 부모님을 초청함. 직접 초대장을 만들어 봄으로써 활동의 마무리와 성취감을 경험함.

5. 실제 활동

교통기관 1 (다양한 교통기관)

활동 제목 내가 좋아하는 교통기관

활동 영역 이야기 나누기, 수, 조형 활동

집단 유형 대집단, 개별

활동 목표

- 띠그래프의 높고 낮음을 통해 수를 비교할 수 있다.
- 다양한 교통기관에 대한 1차 표상활동을 전개한다.

활동 자료

- 그래프 판, 스티커
- 다양한 크기의 박스와 상자, 재활용품(캔, 플라스틱 병 등), 뿅뿅이, 종이, 크레파스, 가위, 테이프, 풀, 끈 등

활동 진행 순서

① **도입**

〈가장 좋아하는 교통기관 알아보기: 대집단〉

- 다양한 교통수단(자동차, 트럭, 지하철, 기차, 비행기) 사진이 붙여진 그래프 판을 보여 준다(글자를 읽을 수 있는 유아와 그렇지 못한 유아 모두를 고려하여 그림 아래에는 글자를 넣는다.).

- 한 명씩 앞으로 나와 자신이 좋아하는 교통수단이 무엇인지 하나씩 선택하여 해당 교통기관 사진 위에 스티커를 붙인다.
- 모두 다 한 번씩 돌아가며 스티커를 붙인 후, 길이가 긴 것과 짧은 것을 비교해 보며 교실 내 유아들이 가장 좋아하는 교통기관은 무엇인지 알아본다(그래프의 높고 낮음을 비교한 후에 교사는 각각의 교통기관 위에 붙은 스티커를 하나, 둘, 셋…… 하고 세며 그래프 위에는 숫자를 쓴다.).

② **전개**

〈좋아하는 교통기관 만들기: 개별〉

- 여러 가지 자료를 자유롭게 선택하여 책상에 앉는다(유아의 다양한 흥미와 발달 수준을 고려하여 자료 선택의 폭을 넓힌다. 추상적이고 정밀한 표현에 어려움이 있는 유아를 위해서는 우유 상자, 요구르트 병 등과 같은 대근육 활동이 가능한 구체적인 자료를 준비하고, 세밀한 표상활동이 가능한 유아를 위해서는 크레파스, 연필, 파스텔

등과 같이 자유로운 소근육 활동이 가능한 자료를 준비한다. 교사는 자료를 다양하게 준비함으로써 개별 유아의 흥미와 발달 수준에 따른 선택을 가능하게 할 수 있다.).

- 완성된 하나의 작품을 만든다.

③ 마무리

〈교통기관 꾸미기: 개별〉

- 완성된 작품에 이름을 붙이거나 쓴다.
- 교실 한쪽에 둔다.

확장 활동

- 교통기관 견학과 교통기관의 전체와 부분에 대한 활동을 진행한 후, 유아의 흥미와 발달 수준을 고려한 집단을 구성하여 '좋아하는 교통기관'을 만들어 보는 2차 표상활동을 실시한다. 공동 작업을 통해 사회성과 문제해결능력의 증진을 도모할 수 있으며, 서로의 지식과 경험을 공유할 수 있는 기회가 될 수 있다. 활동이 끝난 이후에도 개별적으로 자유롭게 자신의 팀 작품을 꾸밀 수 있도록 한다(유아의 발달 수준이나 흥미에 따라 스펀지에 물감을 묻혀 겉면을 톡톡 두

드려 색깔을 입힐 수 있고 한지를 오리거나 찢어 붙이는 활동을 통해 꾸미기를 할 수 있다. 평소에 그린 그림을 오려 붙이거나 이름 등의 글자를 써서 붙이는 등 유아의 다양한 흥미와 발달 수준에 따라 개별 활동을 할 수 있다.).

- 집단으로 완성된 큰 교통기관을 이용하여 다양한 역할/극놀이를 경험할 수 있다(예: 택시(손님과 기사) 상황극 놀이, 칙칙폭폭 기차놀이, 주유소 놀이(주유하기, 세차하기), 동대문 놀이(동동동대문을 열어라), 선장이 되어 배 조종하기, 소방차 출동 놀이 등).
- 개별 또는 집단으로 만든 다양한 교통기관을 모아 큰 주차장 만들기를 해 본다.

유의 사항

자료 선택의 폭이 넓어 쉽게 선택하지 못하는 유아의 경우, 교사는 해당 유아의 발달 수준을 고려하여 선택에 도움을 줄 수 있다.

평가

- 띠그래프의 높고 낮음을 통해 수를 비교할 수 있는가?
- 다양한 자료를 자유롭게 사용하여 표상활동을 할 수 있는가?

교통기관 2 (교통기관 관련 소리)

활동 제목 쉿~ 들어 보세요

활동 영역 이야기 나누기, 언어 활동

집단 유형 대집단, 소집단

활동 목표

- 교통기관과 관련된 다양한 소리와 교통기관의 대응을 인식한다.
- 교통기관과 관련된 의성어와 의태어를 이해할 수 있다.

활동 자료

- 교통기관 관련 소리(지하철 안내방송, 기차 출발 소리 등) 녹음 파일
- 교통기관 사진과 이와 관련된 의성어와 의태어가 적힌 보드판

활동 진행 순서

① 도입

〈여러 가지 소리 들어보기: 대집단〉

유아들에게 교통기관과 관련된 소리를 하나씩 들려주며 흥미를 유발시킨다.

② **전개**

〈의성어와 의태어를 통해 교통기관 이해하기: 대집단〉

- 한쪽에는 다양한 교통기관의 사진과 글자가 붙어 있고, 다른 한쪽에는 '칙칙폭폭' '부릉부릉' '빵빵' '따르릉' '삐뽀삐뽀' '씽씽' '덜커덩' 등의 의성어와 의태어가 붙은 보드판을 준비한다.

- 교통기관 관련 소리를 다시 하나씩 들려준다.
- 소리와 관련된 사진을 보드판에서 찾아 가리키며 교통기관의 명칭을 읽어 본다(글자를 읽지 못하는 유아는 교사와 다른 친구들이 읽는 소리에 맞춰 그림과 글자를 대응시켜 보는 연습을 한다.).
- 해당 교통기관과 관련된 의성어 또는 의태어를 보드판 오른쪽에서 모두 찾아

선으로 연결해 보고 또 다른 의성어 또는 의태어가 있는지 자유롭게 이야기를 나누어 본다.

③ 마무리

〈교통기관 사진 자료, 그림 배치하기: 소집단〉

- 4~5명으로 구성된 소그룹을 만들고 보드판을 하나씩 나누어 준다.
- 그룹별로 보드판에 1:1 대응활동을 직접해 본다.

확장 활동

- 지하철, 비행기 등 다양한 교통기관을 이용할 때 필요한 것이 무엇인지 알아본다(예: 티켓, 돈, 교통카드, 지하철 노선도, 여권 등).
- 교사가 들려주는 교통기관 관련 소리를 듣고 팀별로 해당 교통기관의 이름을

먼저 말하면 승리하는 게임을 해 본다.

- NIE 활동: 신문이나 잡지 등에서 교통기관 글자 또는 사진 등을 찾아서 오린 후 종이에 붙여 본다. 홍미 또는 발달 수준이 낮은 유아는 그림을 찾을 수 있고, 다른 유아는 글자와 그림 모두를 찾아볼 수도 있다.
- 교통기관 책자 만들기: 유아의 홍미와 발달 수준을 고려하여 적절하게 소그룹을 구성하고 집단별로 책자를 만들어 본다. 홍미 또는 발달 수준에 따라 글씨를 직접 써서 꾸밀 수도 있고, 그림을 그리고 색칠하거나 사진을 오려 붙일 수도 있다. 이러한 과정에서 서로 협력하여 하나의 작품을 완성한다.
- 교통기관 빙고판: 교통기관 빙고판을 만들어 게임을 한다. 내가 타 본 교통기관을 다 찾아 동그라미 하거나, '할머니댁에 갈 때 이용한 교통기관' '내가 가장 좋아하는 교통기관' '앞으로 타 보고 싶은 교통기관' 등 교사가 불러 주는 내용에 해당하는 교통기관을 표시해 본다(발달 수준이 높은 유아는 그림 아래에 명칭을 써 볼 수 있으며, 빙고판 활동을 한 종이를 오려 유아의 자유놀이활동에 이용할 수 있다.).
- 유아의 관심과 홍미, 경험의 폭을 확장시키기 위해 교실 내 유아의 발달 수준, 홍미 등을 고려하여 적합한 체험 장소(국립철도 박물관, 어린이 교통공원, 삼성화재 교통박물관, 서울시 지하철 체험, 자전거 교통안전체험 교육장 등)를 선정하고 견학을 다녀온다.

유의 사항

유아의 다양한 발달 수준과 홍미를 고려하여 대상의 그림과 글자, 소리 모두를 적절하게 노출한다. 발달 수준이 낮은 유아의 경우, 처음에는 그림을 통해 교통기관의 명칭과 특성을 이해할 수 있다. 점차 시간이 지나면 그림과 글자의 모양을 대응시킬 수 있고 이후 글자에 익숙해지고 관심이 증가하면 직접 글자를 써 봄으로써 발달의 과정을 경험할 수 있다.

평가

- 교통기관과 관련된 다양한 소리와 교통기관의 대응을 이해할 수 있는가?
- 교통기관과 관련된 의성어와 의태어를 적절하게 표현할 수 있는가?

교통기관 3 (전체와 부분)

활동 제목 교통기관의 종류와 특징

활동 영역 이야기 나누기, 언어 활동

집단 유형 대집단, 개별

활동 목표

- 자신의 경험과 관련하여 자유롭게 생각을 표현할 수 있다.
- 다양한 교통기관 구성요소의 명칭과 특징에 대해 이해할 수 있다.

활동 자료

- 견학 당일 촬영한 유아의 체험 사진 또는 동영상
- 교통기관 관련 그림 또는 사진(전체와 구성 부분)

활동 진행 순서

① 도입

〈견학 후 경험과 느낌 나누기: 대집단〉

- 견학 당일 촬영한 사진 또는 동영상을 감상하며 경험을 떠올려 본다.

- 유아가 체험하는 모습이 나올 때마다 교사는 유아의 느낌과 이전 경험을 질문하며 자유롭게 이야기를 나눈다.

② 전개

〈교통기관의 종류와 명칭, 특징 알아보기: 대집단〉

- 교사는 사진 자료에 나타난 교통기관의 내부와 외부 모습에 주목하여 명칭과 특징에 대해 설명한다(교사는 유아의 다양한 발달 수준에 맞추어 해당 부분의 그림과 글자를 함께 보여 주어 개별 유아의 이해를 돕는다. 구성요소와 관련된 시각적 자료에는 바퀴, 벨트, 의자, 트렁크, 액셀, 브레이크, 핸들, 와이퍼 등이 있다.).
- 유아와 교사는 다양한 교통기관의 종류와 명칭, 특징과 관련하여 생각과 느낌, 경험을 자유롭게 표현한다.

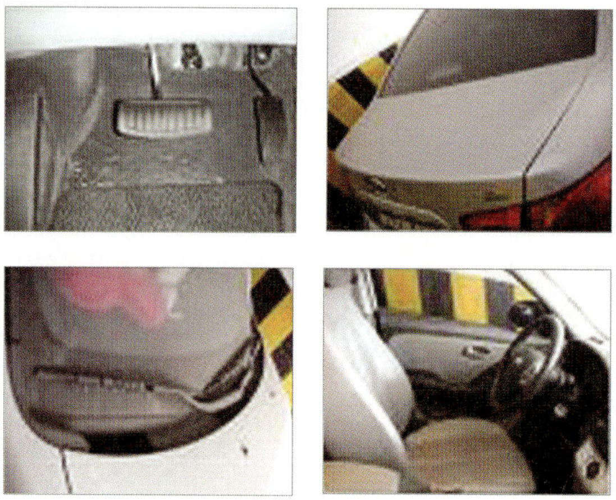

③ 마무리

〈교통기관 사진 자료, 그림 배치하기: 개별〉

- 전개활동에서 함께 살펴본 자료(교통기관 관련 사진과 체험 사진)를 유아들과 함께 흥미 영역에 붙여 본다.

• 이후에도 유아들이 개별적으로 쉽게 볼 수 있도록 한다.

확장 활동

• 유아가 가정에서 가지고 노는 교통기관 관련 장난감을 유치원에 가지고 와서 친구들에게 소개하는 시간을 가져 본다. 흥미 또는 발달 수준이 낮은 유아도 관심을 가지고 활동에 참여할 수 있고 다른 유아들 또한 적극적으로 참여할 수 있으며 흥미를 키워 가는 계기가 될 수 있다.
• ○○에 다녀온 이야기 또는 ○○에 갈 수 있는 다른 방법, 내가 유치원에 오는 방법 등을 이야기해 본다(예: 나는 아빠랑 엄마랑 비행기 타고 제주도에 가 본 적이 있어요. 우리 할머니 댁에는 자동차를 타고 갈 수도 있고 기차를 탈 수도 있어요.).
• 교통기관 관련 사진 자료 등을 보며 유아가 타 본 교통기관과 앞으로 타 보고 싶은 교통기관에 대해 자유롭게 이야기를 나누어 본다.
• 고장 난 자전거 등을 직접 분해하여 관찰해 봄으로써 전체와 부분에 대한 이해를 높일 수 있다.

유의 사항

• 유아의 다양한 발달 수준을 고려하여 교통기관 관련 사진 밑에는 글씨도 함께 붙여 둔다. 글자를 아는 유아는 보고 써 볼 수 있는 기회가 되며 발달 수준이 낮은 유아에게는 글자와 사진을 대응시킴으로써 학습을 촉진시킬 수 있다.
• 흥미와 발달 수준이 더 높은 유아들은 교통기관의 명칭을 글자로 쓰도록 개별 지도를 할 수 있다.

평가

• 다양한 교통수단의 종류와 명칭을 구별하고 이해할 수 있는가?
• 자신의 경험과 느낌을 언어 또는 그림으로 자유롭게 표현할 수 있는가?

교통기관 4 (바퀴의 움직임)

활동 제목 굴러가는 바퀴

활동 영역 이야기 나누기, 수 조작 및 과학 활동

집단 유형 대집단, 소집단, 개별

활동 목표

- 바퀴를 통해 숫자 세기와 크기를 비교할 수 있다.
- 동그란 원의 형태가 굴러가는 데 용이함을 이해할 수 있다.

활동 자료

- 여러 가지 바퀴 사진, 그림 자료
- 장난감에서 뺀 다양한 크기의 바퀴, 쿠키 틀(삼각형, 원, 별 모양), 사각형 지우개
- 큰 종이, 물감, 붓

활동 진행 순서

① 도입

〈다양한 형태의 바퀴 살펴보기: 대집단〉

- 동화책과 다른 사진 자료 등을 통해 바퀴의 형태를 살펴본다.
- 큰 바퀴, 작은 바퀴, 바퀴가 4개 있는 자동차, 바퀴가 2개 있는 자전거 등을 가리키며 교사는 천천히 숫자를 세고 칠판에 수를 적는다.
- 다른 모양의 바퀴를 상상하며 자유롭게 이야기를 나눈다(예: 바퀴모양은 모두 도넛 같은 동그라미네? 별 모양의 바퀴라면 어떨까? 자동차 바퀴가 꽃 모양이면 어떨까?).

② 전개

〈다양한 모양의 바퀴 실험 및 관찰: 소집단〉

- 집단별로 준비된 바퀴(장난감 바퀴, 쿠키 틀, 지우개)를 나누어 준다.
- 다양한 모양의 바퀴를 바닥에 먼저 굴려 보고 어느 것이 가장 잘 굴러가는지 관찰한다.

- 집단별로 물감과 붓, 종이를 나누어 준다.
- 붓을 이용해 바퀴에 물감을 묻혀 종이 위에 굴려 본다.
- 여러 가지 색깔을 크기별로 다양하게 찍거나 굴려 나타낸다(집단별로 유아들이 활동을 하고 있을 때, 교사는 유아가 다양한 모양의 바퀴를 모두 굴려 보도록 한다. 바퀴를 굴려 길을 만들고, 이후 활동에서는 그 위에 여러 가지 교통기관을 그려 볼 수도 있다.).

③ 마무리

〈이야기 나누기: 개별〉

- 작품이 잘 마를 수 있도록 교실 한쪽에서 말린다.
- 완성작을 보며 어떤 모양과 크기의 바퀴를 가장 쉽게 굴릴 수 있었는지 자유롭게 이야기를 나눈다.

확장 활동

- 폐타이어를 깨끗하게 씻어서 교실에 비치한다. 함께 관찰하거나 안에 들어가 보는 등 유아의 활동과 놀이에 이용할 수 있다.
- 가정연계활동: 진흙 위에 지나간 자동차 바퀴, 트럭 바퀴 등을 함께 관찰하고 이야기를 나누며 바퀴 모양의 다름을 알아본다.

유의 사항

유아의 소근육 발달 정도를 고려한 다양한 크기의 바퀴를 준비하여 소근육 운동이 미숙한 유아는 큰 모양의 바퀴를 사용할 수 있도록 한다. 집단 내에서 발달 수준이 높은 유아는 자연스럽게 다른 유아의 활동을 도와줄 수 있다.

평가

- 크기(크다/작다)와 수를 이해하고 표현할 수 있는가?
- 바퀴의 움직임과 역할에 대해 이해할 수 있는가?

교통기관 5 (교통 표지판)

활동 제목 안전 규칙을 지켜요

활동 영역 이야기 나누기, 토의, 조형 활동

집단 유형 대집단, 소집단, 개별

집단 영역 교통 표지판의 그림과 안전 규칙을 이해한다.

활동 자료

- 다양한 교통 표지판과 관련한 시각적 자료
- 교통 표지판 테두리가 그려진 종이, 크레파스(색연필), 파스텔, 막대, 반구
- 교통 표지판 글자 종이, 테이프, 풀

활동 진행 순서

① 도입

〈교통 표지판 살펴보기: 대집단〉

- 주변에서 쉽게 볼 수 있는 교통 표지판 관련 자료를 보여 준다.
- 각각의 그림이 무엇을 나타내는지 생각하며 자유롭게 이야기를 나눈다.

- 각각의 교통 표지판 안에 그려진 그림이 무엇을 뜻하는지 설명하며 안전 규칙에 대해 이야기한다.
- 안전 규칙을 지키지 않으면 어떤 일이 벌어질지 상상하며 이야기를 나눈다.

② 전개

〈교통 표지판 살펴보기: 소집단〉

- 교통 표지판 테두리가 그려진 종이를 한 장씩 나누어 준다.
- 자신이 꼭 지키는 안전규칙 또는 마음에 드는 교통 표지판을 선택하여 그것을 보며 테두리 안에 똑같이 그림을 그려 꾸며 본다.
- 글씨를 쓸 수 있는 유아는 교통 표지판 아래에 붙은 글자를 보고 따라 쓸 수 있게 지도하며, 글자를 쓰지 못하는 유아는 집단 내 다른 유아의 도움을 받거나

교사가 미리 준비한 글자 종이를 찾아서 붙일 수 있도록 한다(예: 다음과 같은 글자 종이를 준비하여, 교통 표지판 사진 아래에 적힌 글자와 똑같은 것을 찾을 수 있도록 한다.).

- 완성된 교통 표지판에 막대와 반구를 붙여 완성한다.

③ 마무리

〈완성하기: 개별〉

환경영역에 비치하여 유아가 자유놀이 시간에 쉽게 이용할 수 있도록 한다.

확장 활동

- 교통 표지판 외에도 주변에서 볼 수 있는 다양한 상징 기호 또는 그림을 통해 의미를 상상해 보고 사고를 확장시킨다.
- 나의 기분 표현하거나 우리 가족을 상징하는 다양한 기호를 만들어 본다(예: 우리 할머니 66, 예쁜 내 동생 ☆, 엄마 ♣, 아빠 ♥)
- 교통 표지판을 역할극의 배경으로 사용할 수 있으며, 이 외에도 교통 경찰의 야광 옷과 봉, 삼각대, 선장 모자, 티켓, 노선도, 신호등, 횡단보도 등을 만들어 역할극의 소품으로 사용할 수 있다.
- 가정연계활동: 우리 집에서 지켜야 할 규칙을 만들어 본다. 규칙을 가장 잘 지키는 가족원이 누구인지 한눈에 알 수 있도록 스티커를 붙여 그래프로 만들어 본다. 규칙을 가장 잘 지키는 가족원을 다 함께 칭찬해 준다. 이러한 활동을 통해 유아의 동기를 고취시킬 수 있다.

유의 사항

활동을 빨리 마무리한 경우에는, 개별 유아의 흥미와 발달 수준을 고려하여 교통 표지판 아래에 그림이 의미하는 바를 짧게 글자로 써 보도록 지도할 수 있다. 이를 통해 자연스럽게 다른 유아에게도 도움을 줄 수 있도록 한다.

평가

교통 표지판의 그림과 규칙을 대응하여 이해할 수 있는가?

교통기관 6 (교통안전 교육)

활동 제목 혼자 할 수 있어요

활동 영역 이야기 나누기, 토의, 신체표현

집단 유형 대집단, 소집단, 개별

활동 목표

- 교통수단을 안전하게 이용하기 위해 필요한 것이 무엇인지 안다.
- 안전장비를 착용하는 방법을 안다.

활동 자료

안전벨트, 카시트, 보호헬멧, 무릎(팔꿈치) 보호대

활동 진행 순서

① 도입

〈안전한 교통수단 이용을 위해 필요한 것: 대집단〉

- 자전거에 대한 경험을 자유롭게 이야기해 본다(일상생활에서 쉽게 이용하는 자전거를 통해 흥미를 유발시킨다. 이후 다친 경험에 대한 이야기를 나눈다).

• 사고를 예방하기 위해 무엇이 필요한지 이야기를 나눈다.

② 전개

〈안전장비 착용: 대집단〉

• 안전벨트 착용의 방법 및 필요성에 대해 이야기를 나눈다.
• 카시트를 올바르게 사용하는 방법에 대해 알아본다.
• 스케이트 또는 자전거를 탈 때 필요한 보호헬멧, 무릎 · 팔꿈치 보호대를 착용하는 방법에 대해 알아본다.
• 직접 하나씩 실제로 착용해 본다.

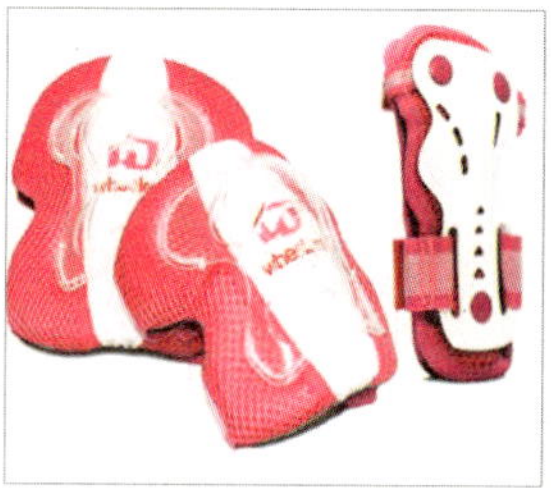

③ 마무리

〈활동 정리: 대집단 · 개별〉

• 안전장비의 필요성에 대해 이야기하며 정리한다.
• 안전장비를 환경영역에 비치하여 개별 또는 집단으로 자유롭게 사용하거나 놀이에 이용할 수 있도록 한다.

확장 활동

• 헬멧 및 보호대는 유아들이 쉽게 이용하는 자전거뿐만 아니라 아이스 스케이트, 인라인 스케이트 등을 탈 때 필수적인 보호 장비다. 따라서 유아들이 평소에도 장비에 대한 거부감을 느끼지 않으며 사용 방법 또한 익힐 수 있도록 이번

기회를 통해 환경영역에 비치해 둔다. 이 외에도 학급 유아들의 가정에서 지금은 사용하지 않는 카시트와 안전벨트 등을 지원받아 환경영역에 비치해 둔다. 유아들이 이러한 안전 장비들을 놀이 소품으로 자유롭게 이용하면서 쉽게 익숙해질 수 있고 모델링을 통해 사용방법도 자연스럽게 배울 수 있다.

- 신호등 규칙은 왜 지켜야 하는지에 대해 이야기를 나누고 횡단보도를 교실 바닥에 깔아 안전하게 횡단보도 건너는 방법에 대해 알아본다(교통기관과 관련된 다양한 활동 소품을 미리 만들어 두면 유용하게 사용할 수 있다.).
- 대중교통을 이용할 때 지켜야 할 규칙을 익힌다(예: 소리 지르지 않기, 뛰어다니지 않기 등).
- 자동차 안에서 지켜야 할 규칙 익히기에 대해 알아본다(예: 운전석 뒤에서 발로 차지 않기, 자리에서 일어나 뛰지 않기, 창문을 열어 얼굴 내밀지 않기, 운전자 방해하지 않기, 안전벨트 착용 등).

유의 사항

폭넓은 발달 수준의 스펙트럼에서 유아는 모델링을 통해 학습하고 도움을 줌으로써 성취감을 얻을 수 있다. 놀이상황에서 실생활의 다양한 자료를 이용할 수 있게 함으로써 나이가 어린 유아는 다른 유아가 이용하는 모습을 보고 이후에 혼자 따라 해 볼 수 있다. 또한 어떤 유아는 또래나 나이가 어린 동생에게 도움을 줌으로써 성취감을 느낄 수 있다. 따라서 교사는 실생활의 다양한 상황과 관련된 자료를 적절하게 비치함으로써 유아로 하여금 놀이를 통해 자연스럽게 학습하고 문제해결능력의 발달을 도모할 수 있는 환경을 제공해야 한다.

평가

- 안전규칙과 보호 장비의 중요성에 대해 이해하는가?
- 스스로 안전장비를 착용할 수 있는가?

교통기관 7 (교통기관 운전하기)

활동 제목 빠앙~! 출발합니다

활동 영역 게임 및 신체표현, 역할/극놀이

집단 유형 대집단, 소집단, 개별

활동 목표

- 교통안전 규칙을 잘 지킬 수 있다.
- 게임의 규칙과 승패를 이해하고 경험한다.
- 적극적인 신체활동을 통해 에너지를 발산한다.

활동 자료

- 유아들이 만든 좋아하는 교통기관 작품(자동차, 기차, 트럭, 비행기 등)
- 반환점 깃발 또는 블록
- 호루라기, 터널(훌라후프 이용), 과속방지턱(신문지를 길게 뭉쳐서 만듦)

활동 진행 순서

① 도입

〈게임의 규칙 이해하기: 대집단〉

- 이전 활동(유아가 들어갈 수 있는 큰 상자를 교통기관의 본체로 하여 소집단으로 좋아하는 교통기관 만들기)에서 공동 작업을 했던 팀별로 게임을 진행한다.
- 출발선과 도착선, 터널과 과속 방지턱 통과, 신호등 확인 후 횡단보도 건너기와 같은 게임의 과정에 대해 설명한다.
- 연습 게임을 1회 실시한다.

② 전개

〈게임 진행: 소집단〉

- 각 팀에서 한 명씩 '탈것'에 올라 출발선에서 준비한다.
- 출발 신호에 맞춰 세로로 세워 둔 훌라후프 터널을 통과하여 반환점까지 달린다.
- 반환점을 돌아 과속방지턱(신문지) 위를 점프한다.

- 신호등에 켜진 불을 확인하고 멈추거나 계속 달린다(이때 신호등은 자동 화면전환으로 설정된 PPT화면으로 대체하거나, 게임에 참여하고 싶어 하지 않는 유아에게 소품으로 만든 신호등 불을 수동으로 바꾸는 역할을 준다. 이를 통해 흥미 또는 발달 수준이 낮은 유아를 자연스럽게 활동에 참여시킬 수 있으며, 활동에 대한 흥미와 소속

감을 느끼게 할 수 있다. 신호등 역할 외에도 교통규칙을 지키지 않았을 경우에 위반카드 또는 벌점을 주는 교통경찰의 역할을 할 수도 있다.).

- 도착지점에서 팀원을 교체한다.
- 팀원 모두 각각 한 번씩 돌아 도착지점에 도착하면 게임이 끝난다.

③ 마무리

〈활동 정리: 소집단〉

- 모든 팀원이 한 번씩 다 돌고 난 후 위반카드를 가장 적게 받거나 벌점이 낮은 팀이 승리한다.
- 게임이 끝난 후에도 교사의 지도 없이 소그룹 또는 개별적으로 놀이를 할 수 있다.

확장 활동

- 다른 팀의 교통기관을 이용하여 단독 놀이 또는 집단 놀이를 즐길 수 있다.
- 다양한 교통기관 중 '일하는 차'의 종류와 이와 관련된 직업을 알아본다.
- 가정연계활동 : 위아래가 뚫린 3～4개의 박스 옆면을 끈으로 연결하여 가족 기차를 만들어 본다. 겉에는 가족 사진 또는 그림을 붙여 꾸며 본다. 아빠, 엄마, 유아가 각각의 상자 안에 들어가 '칙칙폭폭 식사하러 갑니다' 하며 놀이를 통한 일상생활을 경험할 수 있다.

유의 사항

게임에 대한 흥미 또는 적극적인 신체 활동 참여도가 낮은 유아를 제외하기보다는 그들을 위한 새로운 보조 역할을 만들어 책임을 줌으로써 소속감과 활동의 참여에 대한 즐거움을 느낄 수 있도록 한다.

평가

- 게임의 순서와 규칙을 이해하는가?
- 활동에 참여하여 즐길 수 있는가?
- 협력적으로 활동할 수 있는가?

교통기관 8 (미래의 교통기관)

활동 제목 하늘을 날아요

활동 영역 이야기 나누기, 토의, 조형활동

집단 유형 대집단, 개별

활동 목표

- 교통기관의 발달에 대해 이해한다.
- 상상함으로써 사고의 폭을 넓힐 수 있다.

활동 자료

- 과거의 교통수단(가마, 마차, 말 등)과 관련한 시각적 자료
- 지점토 또는 상자, 여러 가지 재활용품, 수수깡, 뿅뿅이, 래커 등

활동 진행 순서

① 도입

〈과거와 미래 교통수단 상상하고 이야기 나누기: 대집단〉

- 과거의 교통수단에 대해 그림 자료를 보며 이야기를 나눈다.

• 미래의 교통수단에 대해 상상하고 자유롭게 이야기를 나눈다.

② 전개

〈미래의 교통수단 만들기: 개별〉

• 책상에 앉아 원하는 자료를 선택하여 미래의 교통수단을 만들어 본다.

• 완성된 작품에 이름을 붙여 본다(글자를 쓰지 못하는 유아는 그림을 그리거나 색칠한 것을 붙여 '뽀로로호' 라고 표시를 하거나 다른 유아의 도움을 받아 글자를 적어 넣을 수 있다. 글자를 쓸 수 있는 유아는 다른 유아의 작품에 대신 써 줄 수 있다).

③ 마무리

〈활동 정리: 대집단〉

- 완성작을 소개한다.
- 작품을 모두 모아 둔다.

확장 활동

- 교통기관의 이동방법과 장소의 다양성에 대해 이야기를 나눈다(예: 발을 굴려 가는 자전거, 휘발유 또는 경유로 움직이는 교통기관, 친환경 에너지를 이용한 교통기관, 하늘과 육지, 바다에서 움직이는 다양한 교통수단 등).
- 학급 유아 모두가 협력하여 미래의 대형 교통기관을 만들어 본다. 큰 구조물은 교사가 도움을 주어 만든 후, 개별 또는 집단으로 수시로 자유롭게 꾸밀 수 있도록 한다. 유아의 발달 수준 또는 흥미에 따라 정교하게 오린 종이 또는 그림을 붙일 수도 있고, 종이를 찢어 붙이거나 스펀지로 물감을 찍어 꾸밀 수 있다. 다양한 흥미와 발달 수준을 가진 유아가 모여 하나의 작품을 공동으로 완성시키는 과정을 경험함으로써 도움을 주고받을 수 있으며 사고의 폭도 확장시킬 수 있다.

유의 사항

선택의 폭이 넓은 여러 가지 활동자료를 준비한다. 교사는 유아의 다양한 흥미와 발달 수준을 고려하여 선택에 도움을 줄 수 있다.

평가

자유롭게 상상하고 표현할 수 있는가?

교통기관 9 (교통기관 전시회)

활동 제목 초대합니다

활동 영역 조형활동, 전시

집단 유형 대집단(종결활동), 개별

활동 목표

- 초대장을 만들어 본다.
- 그동안의 작품들을 전시함으로써 활동의 마무리와 성취감을 경험한다.

활동 자료

- 지난 활동 작품들, 유아들의 작품 활동 과정 사진들
- 4절지 종이, 카드, 색연필(연필), 풀, 리본, 봉투

활동 진행 순서

① 도입

〈포스터 및 초대장 만들기: 대집단〉

- 4절지 종이에 다 함께 그림을 그리고 날짜, 시간, 장소 등을 적어 대형 포스터

를 한 장 만든다(글자를 쓸 수 있는 유아는 전시회 일자와 시간, 장소를 쓸 수 있으며 다른 유아는 그림을 그리거나 색칠을 하는 등 모든 학급 내 유아가 협동하여 자신이 잘하거나 할 수 있는 만큼 자유롭게 표현한다.).

② 전개

〈초대장 만들기: 개별〉

- 교사는 카드를 하나씩 나누어 준다.
- 유아는 카드 안에 그림 또는 글자를 넣어 초대장을 만든다.
- 여러 가지 자료를 사용하여 초대장을 꾸민다.
- 부모님께 드릴 초대장을 완성한다.

③ 마무리

〈교실 꾸미기 및 전시회: 대집단〉

그동안의 작품들을 주제별로 분류하여 종결활동 '교통기관 전시회' 를 준비한다.

확장 활동

다른 반 친구들을 초대하여 다 함께 감상한다.

유의 사항

유아의 활동사진도 함께 전시함으로써 흥미 또는 발달 수준이 낮은 유아들이 활동에 어떻게 참여하였는지를 부모님들이 알 수 있게 한다. 이것은 유아 스스로도 다시금 과정을 떠올려 보고 결과물을 봄으로써 성취감을 느낄 수 있게 한다.

평가

- 초대장의 목적과 내용이 무엇인지 인지하는가?
- 마무리 활동을 통해 성취감을 느끼는가?

부 록

교사와 부모를 위한 혼합연령 프로그램 Q & A
(Richardson & Fredenberg, 1996)

혼합연령 프로그램이란?

Q: 혼합연령 프로그램의 가장 큰 특징은 무엇인가요?

A: 혼합연령 프로그램은 개별 유아의 연속적인 발달 과정에 기반하여 교육과정을 제공합니다. 모든 유아는 특별한 존재이며 개개인마다 성장 방식과 시기에 차이가 있습니다.

혼합연령 교실에서는 개별 유아의 서로 다른 학습 양식과 속도를 존중합니다. 발달의 연속적 스펙트럼에서 유아마다 특정한 발달적 수준에 도달하는 때는 서로 다르며 또한 다양하기 때문에, 특정 시점에 도달하는 데 있어 획일적인 연령구분을 하지 않습니다. 따라서 교사는 유아가 성취감과 유능감, 긍정적인 자아 개념을 발달시키고 타인에게 도움을 줄 수 있는 지지적인 학습 환경을 구성해 줍니다.

Q: 여러 연령대의 유아를 합치는 것이 혼합연령 교실인가요?

A: 우리는 다양한 연령대의 유아를 단순히 합치고 나누는 것을 종종 보기도 합니다. 그러나 이것은 기관의 예산 문제 또는 원아 수가 너무 적어 반을 나눌 수 없을 때 단순하게 통합하는 것입니다. 잘 구조화된 혼합연령 교실에서는 연령을 기준으로 하여 단순하게 반을 나누거나 합치지 않고 철학적 · 교육적 근거에 따라 모든 구성 및 활동이 이루어집니다. 혼합연령 프로그램을 시작한 교육자들은 획일적인 연령 구분이 유아의 욕구와 부합되지 않으며 동일한 교사가 일 년 이상 동일 유아를 맡을 때, 유아는 더 많은 이익을 얻을 수 있다고 생각합니다. 따라서 혼합연령 교실에서의 유아는 일 년 이상 같은 교사와 함께 합니다. 이러한 구조는 교사로 하여금 개별 유아를 더 잘 알 수 있고, 교실 환경에서 생활하고 학습하는 과정에서 그동안의 축적된 정보를 보다 효과적으로 이용할 수 있도록 해 줍니다.

Q: 혼합연령 교실의 유아는 사회성이 더 높은가요?

A: 혼합연령 프로그램은 협력적 학습으로 이루어집니다. 이러한 학습의 주된 이점 중 하나는 사회적 기술의 발달입니다. 혼합연령 학급에서 유아는 학문적인 것뿐만 아니라 다양한 연령대에 있는 또래와의 생활을 통해 사회성을 경험하고 발달시킵니다. 리더십과 대화, 문제 해결능력은 협력적인 활동을 통해 학습할 수 있으며 이것은 성공적인 혼합연령 교실에 기여합니다. 나이가 어린 유아는 나이가 많은 유아를 우러러 보는 경향이 있습니다. 그 결과 서로 다른 연령의 두 유아가 함께 작업을 할 때, 나이가 많은 유아의 영향으로 나이가 어린 유아의 관심 수준과 그로부터 얻는 활동의 소재는 더 향상됩니다. 또한 나이가 더 많은 유아의 경우, 자신의 생각을 조직하여 표현하는 것을 지지받고

자신의 지도에 따른 유아의 성취에 스스로 자부심을 느낄 수도 있습니다. 이러한 경험을 통해 협력적 기술은 향상되고 친밀성은 강화됩니다. 성인이 되어서도 사회적 기술은 상당히 중요한 요인입니다. 사회적 기술이 좋은 사람은 정신적 건강도 좋은 경향이 있습니다. 우리는 유아로 하여금 타인과 협력적인 관계를 만들고 유지하기 위해 필요한 것을 가르쳐야 합니다.

Q: 혼합연령 교실은 문제행동이 발생되지 않게 하나요?

A: 혼합연령 구성이 부적합한 행동을 모두 제거해 주지는 않습니다. 그러나 교실을 조직하는 방법에 따라 발달적으로 더 적합한 교육이 될 수 있도록 이끌 수 있습니다. 특히 나이가 어린 유아를 대상으로 적절한 경험에 관한 철학적 믿음을 가지고 시작하는 것이 매우 중요합니다. 이러한 프로그램은 유아로 하여금 자신의 속도에 맞춰 학업적 향상을 이룰 수 있도록 하는 연속적 과정의 교육과정입니다.

일반적으로 교사는 처음 몇 달 동안 교실 내 유아와 그들의 학업적 성취, 사회적 · 정서적 욕구에 대해 파악하는 데 많은 시간을 보내야 합니다. 그러나 혼합연령 교실은 연속적인 환경이므로 교사는 개별 유아의 이전 경험을 이미 다 알고 있으며, 이것을 기초로 새로운 계획을 세울 수 있으므로 처음부터 새로 시작할 필요가 없습니다. 또한 혼합연령 교실에서는 유아가 다양한 역할을 경험하게 됩니다. 3년 프로그램을 예로 들면, 처음에 유아는 그 집단에서 가장 어린 유아를 경험합니다. 그 다음 해에는 중간 연령 그리고 마침내 학급에서 가장 나이가 많은 아이가 됩니다. 어떠한 조직 구조에서도 유아의 차이를 만드는 것은 그 구조 안에서 어떠한 일이 경험을 하느냐 하는 것입니다. 혼합연령 구조가 발달적으로 부적합한 모든 실제를 없앨 수는 없지만, 앞과 같이 발달적으로 적합한 많은 교육적 실제의 발생을 촉진시킬 수 있습니다.

Q: 혼합연령 교실에서 균형적인 구성 비율은 어떠한가요?

A: 다른 교실과 마찬가지로 한 교실을 구성하는 유아들을 선정할 때는 유아 개개인의 특성과 욕구를 고려해야 합니다. 각 연령대의 유아 수는 비슷해야 하며, 성, 연령, 인종, 학습 능력, 흥미가 적절하게 혼합되어야 합니다. 또한 특별한 도움을 필요로 하는 유아도 포함될 수 있습니다. 그러나 특별한 도움을 필요로 하는 유아가 너무 많으면 불균형이 생겨 교사가 어려움을 느낄 수도 있습니다. 그러므로 잘 구성된 학급은 교육활동의 특성에 따라 적절하게 그룹을 지을 수 있으며, 유아가 정서와 사회적 발달을 강화하는 친밀성과 놀이 관계를 형성할 수 있는 교실입니다. 학급의 구성은 항상 실제의 사회를 반영해야 합니다.

Q: 혼합연령 프로그램의 결점 또는 문제점은 없나요?

A: 모든 개선점이 결점을 포함하듯이 혼합연령 프로그램 또한 예외는 아닙니다. 따라서 다음에 나오는 어려움에 주의를 기울여야 합니다.

❀ 재능이 있는 아동의 방치

발달적으로 앞선 유아의 부모의 경우, 혼합연령 학급에서 자신의 자녀가 발달적 이득을 경험하지 못하는 것은 아닐까 하는 우려를 할 수 있다. 발달적으로 앞선 유아에게는 도전 의식을 북돋우는 모든 노력을 기울여야 한다. 상대적으로 도움을 필요로 하는 유아를 돕는 데 주력하느라 발달 수준이 높은 유아가 교사의 손길에서 벗어나지 않도록 주의해야 한다.

❀ 건강하게 기능하지 못하는 교실의 영속화

유아들 간의 부적절한 조합으로 교실이 몇 년간 지속되어서는 안된다. 이러한 교실은 효과적인 성취를 저해하며 유아, 부모, 교사 모두에게 부당한 것이다.

❀ 학습장애 유아에 대한 개입

연령의 구분이 덜 강조되면서, 혼합연령 교실의 첫해 동안 학습 장애를 가진 유아가 무심코 간과될 수 있다. 이러한 실수는 특수 교육의 개입을 지연시킬 수 있다.

❀ 많은 유아의 폭넓은 다양성 존재

연령과 능력의 범위가 너무 넓으면 유아의 다양한 욕구에 부합하기가 거의 불가능하다. 이러한 환경은 교사에게 비능률적이고 큰 스트레스가 된다. 과도한 다양성은 종종 실패한 혼합연령 프로그램의 원인이 된다.

❀ 교사와 유아의 부조화

드문 경우이지만 교사와 유아 간의 성격 차이는 부조화를 만들 수 있다. 기관에서는 이러한 문제를 해결할 수 있는 방침을 가져야 한다. 이러한 상황에서는 유아가 더 편안함을 느낄 수 있는 환경으로 재배치하는 것이 한 방법이 될 수 있다. 그러나 기관에서는 이에 대한 합리적인 기준과 원칙을 가지고 있어야 한다.

Q: 혼합연령 교실의 긍정적인 효과는 언제 확인할 수 있나요?

A: 우리는 일반적으로 새로운 환경 속에서 경험하는 긍정적인 영향을 즉각적으로 확인하려고 합니다. 이 때문에 첫해부터, 유아가 근면함과 독립성, 자립성을 보이기를 기대합니다. 그러나 일반적으로 첫해에 유아는 학습에 대해 새롭게 발견한 즐거움과 교실에 대한 사랑을 발견하게 됩니다. 두 번째 해 동안, 교사는 유아의 높아진 참여율과 전반적으로 높은 수준의 규율성, 더 많은 이타적 행동과 향상된 자기 개념을 확인할 수 있습니다. 부모 참여 또한 주목할 만하게 증가합니다. 교육학자들은 3년째가 됐을 때 유아가 표준화된 학업 성취도 측정에서 높은 수행을 보인다고 보고합니다. 다양한 연령과 능력을 경험한 이들은 학교에 입학한 후, 더 넓은 교실 환경에서 다양한 활동과 학업을 수행하는 데 자신감을 보입니다.

혼합연령 교육과정을 통해 실제적으로 얻는 혜택

Q: 혼합연령 교실에서 얻을 수 있는 이득은 무엇인가요?

A: 효과적인 혼합연령 교실에 참여하는 유아들은 충분한 이득을 얻습니다. 주된 혜택은 유아에게 제공되는 연속성입니다. 즉, 유아는 2~3년간 같은 교사와 똑같은 규칙적 생활을 경험할 수 있게 됩니다. 교사는 지난해 동안 이미 자신의 교실 내 유아들과 친숙해졌기 때문에, 매년 새로운 교실과 유아를 알기 위해 시간을 보낼 필요가 없습니다.

학업적인 면에서, 유아는 학습 과정에서 다양한 발달 단계와 능력을 가진 다른 유아와 함께 작업함으로써 폭넓은 학습의 스펙트럼을 볼 수 있게 됩니다. 활동 주제 자체는 혼합연령 환경에서 더욱 잘 통합될 수 있어 분리적이고 단편적인 지식보다 주제에 대한 통합적 지식을 갖게 됩니다.

사회적인 면에서, 유아는 서로의 학습을 도움으로써 돌봄과 양육을 발달시킵니다. 일반적으로 모든 이들이 서로 다른 속도로 학습하는 곳은 덜 경쟁적입니다. 혼합연령 교실에서는 "더 빨리, 더 잘, 더 똑똑하게"가 없어집니다. 이 같은 환경은 유아로 하여금 자연스럽게 서로를 지지하고 지원하는 진정한 리더십이 생겨날 수 있도록 합니다. 현실의 삶에서는 어떠한 사회도 연령이나 능력에 따라 그룹화되지 않습니다. 따라서 혼합연령 교실은 실제로 유아에게 더 많은 현실적 · 사회적 상호작용을 제공할 수 있습니다.

혼합연령의 연속적 과정 프로그램은 학습 양식과 능력의 전체 범위를 수용할 수 있습니다. 따라서 신체적 · 정서적 · 인지적 장애를 가진 유아는 일반적인 단일연령 교실보다 혼합연령 교실에서 더 손쉽게 통합될 수 있습니다.

Q: 균형적인 혼합연령 교실을 구성하는 데 있어 선택의 기준이 있나요?

A: 네. 혼합연령 교실의 구성원을 선별할 때 모든 노력이 이루어져야 합니다. 혼합연령 교육을 반대하는 입장에서 주장하는 문제들을 사전에 예방하기 위해서는 다음의 기준을 고려하여 혼합연령 교실을 구성해야 합니다.

- 유아를 배치할 때는 항상 부모의 승인을 구하라.
- 연령대마다 같은 인원의 유아로 구성하라.
- 성비를 맞추도록 하라.
- 지역사회의 종교적 · 문화적 혼합을 반영하라.
- 유아의 발달적 수준을 최대한 고려하여 발달 수준이 낮은 아동부터 높은 아동까지 다양한 유아의 혼합이 되도록 하라.

교실의 균형적인 유아 비율은 혼합연령 프로그램의 중요한 초석입니다.

Q: 혼합연령 교실의 유아는 더 행복할까요?

A: 혼합연령 교육에서는 유아의 자존감 강화를 강조합니다. 교사는 유아의 학업적 기술이 아닌 전인적 유아에 초점을 맞추므로 유아의 타고난 사회적 상호작용 또는 예술적 표현 능력 등 다양한 측면에서 개별 유아의 가치를 인정합니다.

또한 혼합연령 교실은 돌봄과 협력을 강조하는 '가족' 의 개념으로 발달하기 때문에 유아는 학습자가 되었다가 선생님이 되기도 합니다. 나이가 많은 유아 또는 발달적으로 앞선 유아는 나이가 더 어린 아동 또는 발달 수준이 낮은 유아를 지도하고 모델이 되어 줄 수 있습니다. 혼합연령 교실은 개별적 욕구, 흥미, 유아의 학습 양식을 받아들입니다. 교육과정은 조절되고 교육적 전략과 교실의 학습 환경은 개별 유아의 고유성에 따라 수정될 수 있습니다. 혼합연령 교실은 유아에게 긍정적이고 양육적인 안전한 환경이 됩니다. 이러한 환경이 제공될 때, 결국 유아는 행복해질 수 있습니다.

Q: 혼합연령 교실의 유아는 왜 문제행동을 적게 보일까요?

A: 혼합연령 교실에서는 문제행동이 적습니다. 이것은 긍정적인 환경에서 몇 달, 몇 년에 걸쳐 자연스럽게 얻어지는 것입니다. 유아가 행복을 느끼고 성공적인

경험을 하면 자연스럽게 문제행동은 감소합니다. 혼합연령 교실의 몇 가지 기본적인 원리는 협력과 연속적 과정으로, 유아는 또래와 경쟁하기보다는 성공적인 경험을 더 많이 합니다. 경쟁이 없고 협력을 강조하는 개인차의 수용이 바로 혼합연령 교실이 더 적은 문제행동을 갖는 이유입니다. 혼합연령 교실이 다음과 같을 때 유아의 문제행동은 감소합니다.

- 같은 교사와 일 년 이상 함께할 때
- 일 년 이상 학습 가정을 경험할 때
- 교실 내 규칙적인 생활을 할 때
- 시간의 흐름에서 일관성을 경험할 때
- 교실 내 역할 모델(role model)이 있을 때
- 혼합연령 환경에서 높은 수준의 협력적 활동을 경험할 때

Q: 혼합연령 교실에서 나이가 더 많은 유아는 어떠한가요? 나이가 더 어린 유아를 가르침으로써 학습을 하나요?

A: 학년을 구분하는 일반적인 시스템은 나이가 더 많은 유아에 대한 어떤 기대를 갖게 합니다. 그리고 이러한 믿음은 주어진 학년 시스템의 경계 내에서는 상당 부분 맞기도 합니다. 나이가 더 많은 유아는 더 많은 것을 알고 더 똑똑하고 체격도 더 큽니다. 그리고 나이가 어린 유아보다 더 빠른 속도로 학습합니다. 그러므로 나이가 많은 유아가 혼합연령 교실에서 어떠한 이익을 얻을 수 있는지 질문하는 것은 당연합니다. 이러한 교실 환경이 그들의 학업에 지장을 받는 것은 아닌지, 나이가 더 어린 유아와 함께 생활함으로써 미성숙한 행동을 보이거나 퇴행을 하는 것은 아닌지, 교사가 나이가 더 어린 유아와 함께 시간을 더 많이 보내기 때문에 교사와의 상호작용에서 손해 보지는 않을지 말입니다.

혼합연령 교실에서 나이가 더 많은 유아에 대해 다룬 연구는 없습니다. 그러나 잘 조직된 혼합연령 교실과 학년 구분이 없는 환경에 있는 유아가 단일

연령 교실의 유아보다 성취 수준이 높다는 연구결과들이 있습니다. 연령이 구분된 환경에서도 종종 천장효과(ceiling effect)가 있습니다. 단일연령 교실에서 교사는 학업지도 속도를 유지해야 하고 다음 해의 교육과정과 겹치는 것을 피하기 위해 특정 시점에서 지도를 멈춰야 합니다. 이로 인해 더 많은 것을 할 수 있는 능력이 있음에도 불구하고 성취하지 못하는 유아가 생겨나게 됩니다. 반면에 그 수준조차 따라가지 못하는 유아도 많이 있습니다.

잘 기능하는 혼합연령 교실의 교사는 유아의 발달을 연속적으로 이해합니다. 즉, 유아의 일반적인 연령이 실제적인 발달의 연속선상에서 어디에 있는지로 유아를 평가하는 것입니다. 이러한 방법으로 유아를 바라보면 나이가 더 어린 유아가 나이가 더 많은 유아보다 계산을 더 잘 할 수도 있습니다. 또한 나이가 더 어린 유아 중 일부는 나이가 더 많은 유아보다 책을 더 잘 읽을 수 있습니다. 그리고 몇몇은 그러지 못할 수도 있습니다. 몇몇의 나이가 더 어린 유아는 나이가 더 많은 유아로 하여금 새로운 방향으로 문제를 생각할 수 있게 하는 질문을 할 수도 있고, 나이가 많은 유아는 나이가 더 어린 유아에게 놀라운 방법으로 해결책을 설명해 줄 수도 있습니다. 혼합연령 교실에서는 유아 간에 훨씬 더 많은 상호작용이 발생합니다.

더 높은 참여율과 대화는 성취와 상관관계를 가진다는 연구결과에 따라 살펴보면, 나이가 더 많은 유아는 나이가 더 적은 유아만큼이나 이러한 환경으로부터 많은 것을 얻을 수 있습니다. 실제 연령으로만 유아를 집단화하는 것은 유아의 잘못된 행동을 더 악화시킬 수 있습니다. 왜냐하면 교실 내 모두가 같은 연령에 있기 때문에 발달적으로 유사한 비행을 저지를 수 있기 때문입니다. 만약 혼합연령 환경이 잘 제공된다면, 이는 나이가 어린 유아뿐만 아니라 나이가 더 많은 유아에게도 더 좋은 환경이 될 것입니다.

Q: 발달 수준이 높은 유아가 혼합연령 교실에 적합할까요?

A: 네. 실제로 기능을 잘 하는 혼합연령 교실은 발달 수준이 높은 유아에게 더 많은 기회를 주면서 더 도전적인 환경이 될 수 있습니다. 혼합연령 교실은 폭넓은 능력 범위와 욕구를 반영하기 때문에 교육과정에서 더 높은 수준의 상한선을 가질 수 있습니다. 또한 더 많은 지식을 가진 유아가 타인을 가르칠 수 있는 더 많은 기회가 있습니다. 연령도 높고 지식도 많지만 상대적으로 사회적 · 정서적 발달에서 취약한 유아는 혼합연령 교실에서 다양한 연령 및 능력을 가진 구성원과 함께함으로써 사회화하는 기회를 가질 수 있습니다.

혼합연령 교실에서는 유아가 점점 연령이 높아짐에 따라 얻게 되는 여러 가지 유익이 있습니다. 다른 사회적 단계를 경험하는 것은 유아에게 유익합니다. 나이가 많고 더 많은 지식을 가진 유아는 리더십 역할을 할 수 있는 더 많은 기회를 가집니다. 또한 더 어리고 낮은 발달 수준의 유아에게 도움을 주고 감탄(존경)을 받는 것은 나이가 더 많은 유아의 자아 개념에도 긍정적인 영향을 미칩니다. 다음에서는 단일 연령 집단과 비교하여 혼합연령 교실에서 발달 수준이 높은 유아가 가지는 기회를 비교하여 살펴보겠습니다.

Q: 혼합연령 교실에서 잘 수행하지 못하는 유아가 있나요?

통합 연령 교실
학습 프로그램의 연장
'지도' 역할을 제공하는 지도 기회
함께 사회화를 경험할 수 있는 더 낮은 연령의 아동이 있다.
높은 지위를 경험할 수 있다.
연령이 더 높은 아동, 지식이 더 많은 아동은 리더십 역할을 실행할 수 있는 기회를 가진다.
연령통합 학급은 연속적이고 폭넓은 커리큘럼에서 더 높은 상한선을 가진다.

A: 네. 혼합연령 교실이 유아의 욕구에 부합되지 못하는 경우가 있을 수 있습니다. 그러나 이러한 문제는 유아의 문제라기보다 유치원의 시스템 또는 부모와 관련되는 경향이 있습니다. 최적의 학습보다는 예산의 어려움이 있는 기관의 교실에서 그리고 부모가 혼합연령 교실과 관련한 정보나 지식을 잘 알지 못할 때 유아는 잘 수행하지 못합니다. 혼합연령 교실의 교사는 적절한 훈련과 준비를 통해 반드시 모든 유아가 발달적으로 적합한 이익을 경험할 수 있도록 해야 합니다.

Q: 자녀가 통합 연령 학급에 참여함으로써 부모는 무엇을 얻을 수 있나요?

A: 부모는 몇 년간 자녀의 교사와 친밀한 관계를 세울 수 있는 기회를 가지게 됩니다. 이러한 관계를 통해 교사와 부모는 유아에 대한 장기간의 목표를 함께 수립할 수 있습니다. 장기간에 걸쳐 교사의 평가가 이루어지므로 부모 또한 자녀의 학습에 대해 더 많은 정보를 얻을 수 있습니다. 혼합연령 교실에서의 경험을 바탕으로 학교에 입학하게 되면, 새로운 학교생활을 둘러싼 학부모의 불안 수준도 낮아지는 경향이 있습니다. 이것은 2, 3년간 혼합연령 교실을 경험함으로써 교사와 친구들, 교실의 규칙적인 생활에도 익숙해졌기 때문입니다. 특별한 도움을 필요로 하는 유아의 경우에도, 교사는 오랜 시간의 경험을 통해 유아를 잘 이해하고 유아의 능력과 필요한 것을 잘 알고 있기 때문에 교실에서 유아가 의사결정을 내릴 때 유아를 지지해 줄 수 있습니다. 이에 따라 특별한 도움을 필요로 하는 자녀를 가진 부모는 특히 많은 이점을 경험할 수 있습니다.

강인구 · 최경(2006). 발도르프 유아교육의 이론과 실제. 서울: 아이나무.

교육인적자원부(2007). 제7차 유치원 교육과정 개정 고시 제2007-153호.

김경화 · 서영숙(2006). 유아교육기관에서의 혼합연령집단 구성에 대한 재인식 모색. 한국보육학회지, 6(2), 179-192.

김명숙(2007). 혼합연령, 팀티칭 학급에서의 교사역할: 문화기술적 연구. 중앙대학교 사회개발대학원 석사학위논문.

김명환(2005). 독일 유아교육기관의 혼합연령집단 구성에 관한 연구. 열린유아교육연구, 10(1), 1-19.

김은주 · 권미량(2005). 공동육아와 생태유아교육의 교육체계 및 운영원리. 유아교육논총, 14(1), 35-64.

김은희(2000). 레지오 에밀리아 접근법의 이해와 현장 적용. 서울: 창지사.

김현미(2002). 단일연령집단과 혼합연령집단이 유아의 언어능력 및 사회적 능력에 미치는 영향. 대구대학교 대학원 석사학위논문.

나세경 · 엄정애(2003). 통합형 취학 전 교육(Edu-care)의 운영 실태 고찰. 교육과학연구, 34(3), 215-230.

류지후 · 반운경 · 장영희 · 정완식 역(1985). 상황중심 교육의 실제 1. 서울: 보육사.

문창숙(2002). 혼합연령집단과 단일연령집단 유아의 사회인지적 능력 분석에 기초한 혼합 연령집단 학급의 교수방법 모색을 위한 연구. 유아교육연구, 16(1), 139-155.

박정란(2007). 공 · 사립 유치원 에듀케어 프로그램의 혼합연령학급 운영 실제 및 교육적 효과에 대한 교사 인식. 유아교육학논집, 11(2), 161-182.

박현주(1998). 유치원 혼합연령 학급운영에 대한 교사의 인식. 한국교원대학교 석사학위논문.

배지희 · 황인애(2007). 혼합연령 학급또래와의 사회적 상호작용에서 나타나는 유아의 요구와 반응 양상. 유아교육연구, 27(6), 187-212.

백인선(2009). 유치원 혼합연령학급 교사의 연수 수요 조사. 강원대학교 교육대학원 석사학위논문.

보육시설 평가인증사무국(2009). 2009 보육시설 평가인증 지침서.

서영숙 · 서지영(2003). 레지오 에밀리아 접근법. 서울: 학지사.

신은수(1996). 혼합연령 집단과 동일연령 집단 유아의 사회인지적 능력비교분석에 기초한 혼합연령집단 학급의 교수방법모색을 위한 연구. 유아교육연구, 16(1), 139-155.

신화식(2006). 몬테소리 이론의 탐구. 서울: 학지사.

양옥승(1993). 탁아연구 II. 서울: 양서원.

유준호(2006). 혼합연령 종일반 유아들 관계에서 나타나는 만 4, 5세 유아의 연령별 특성에 관한 문화기술적 연구. 이화여자대학교 대학원 박사학위논문.

육아정책개발센터(2008). 유치원 종일반 운영실태 조사.

윤영선(2000). 독일 상황중심교육의 한국적 적용을 위한 분석. 한독교육학회, 5(1), 15-38.

이기숙(1992). 유아교육과정 개정판. 파주: 교문사.

이미선(2007). 유치원 에듀케어 교사의 역할 인식과 수행. 성신여자대학교 교육대학원 석사 학위논문.

이소은 · 조재현(2004). 대쌍협력 활동에서 단일연령쌍과 혼합연령쌍 유아의 인지수준변화와 협상전략. 인간발달연구, 11(1), 35-48.

이순형, 서영숙, 전인옥(1999). 열린교육을 위한 주제탐구 표현활동. 서울: 창지사.

이순형 · 이성옥 · 이완정 · 권혜진 · 황혜신 · 이혜승 · 이영미 · 정윤주 · 성미영 · 권기남(2005). 영유아 보육, 교육 프로그램의 이해. 서울: 학지사.

이윤정(2006). 서울특별시 공립유치원 에듀케어 운영실태와 개선방안. 이화여자대학교 교육대학원 석사학위논문.

이정숙(2006). 유아교육기관의 혼합연령집단 구성에 대한 교사와 부모의 인식 연구. 가톨릭대학교 교육대학원 석사학위논문.

전기옥(2004). 유치원 에듀-케어 교육 운영 실태와 개선 방안. 숙명여자대학교 교육대학원 석사학위논문.

정미경 · 김혜남(2004). 연령집단에 따른 프로젝트 활동의 효과: 과학적 과정기술을 중심으로. 열린유아교육연구, 9(1), 23-44.

최영남(2004). 농 · 어촌지역 공립유치원 운영실태 및 개선방안 연구. 경남대학교 교육대학원 석사학위논문.

하승민 · 이재연(1996). 단일연령집단과 혼합연령집단 간의 아동의 사회-인지놀이 행동 비교연구. 아동학회지, 17(1), 153-171.

한국교육개발원(2004). 서울특별시 교육청 통합형 취학전 교육(Edu-care) 운영 모델 개발 연구.

한국여성개발원(2004). 보육교사의 근무환경 및 직무실태 분석.

Anderson, R. H., & B. N. Pavan (1993). *Nongradedness: Helping It happen.* Lancaster, PA: Technomic Press.

Bacharach, N., Hasslen, R. C., & Anderson, J. (1995). *Learning together: a manual for multiage grouping*. C. A.: Corwin Press, Inc.

Bandura, A. (1977). *Social learning theory*. Englewood Cliffs, N. J.: Prentice Hall.

Bronfenbrenner, U. (1970). *Two worlds of childhood: U. S. and U. S. S. R.* N. Y.: Russell Sage Foundation.

Bronfenbrenner, U. (1989). *Ecological systems theory*. In R. Vasta (Ed.), Annals of child development (Vol. 6, pp. 187-249). Greenwich, C. T.: JAI Press.

Erikson, E. (1950). *Childhood and society.* N. Y.: Norton.

Freedman, P. (1982). Acomparison of multi-age and homogeneous-age group in early childhood centers. In L. G. Katz (Ed.). *Current topics in early childhood education, Vol.4,* 193-210, Ablex. Inc.

Grant, J., Richardson, I., & Fredenberg, A. (Eds.). (1996). *Multiage Q & A: 101 practical answers to your most pressing questions.* (2nd ed.). Peterborough, N. H.: Society for Developmental Education.

Katz, L. G., Evangelou, D., & Hartman, J. (1990). *The Case for mixed-age groupings in early education*. Washington, D.C.: National Association for the Education of Young Children.

Piaget, J. (1973). *The psychology of intelligence.* Totowa, N. J.: Littlefield & Adam.

Stone, S. J. (1996). Creating the Multiage Classroom. Good Year Books.

Vigotsky, L. S. (1978). *Mind in society.* Cambrige, M. A.: Harvard University Press.

집필진 소개

이순형

서울대학교 대학원 아동학과 박사

한국아동학회 · 인간발달학회 회장 역임

서울대학교 생활과학대학 어린이집 원장 역임

덕성여자대학교 교수 역임

현 서울대학교 생활과학대학 아동가족학과 교수

최인화

미국 컬럼비아대학교 유아교육 석사

서울대학교 · 나사렛대학교 · 수원대학교 강사

서울대학교 대학원 아동학 박사

현 명지대학교 사회복지대학원 조교수

권미경

미국 뉴욕대학교 유아교육 석사

신구전문대학 겸임교수

서울대학교 대학원 아동학 박사

현 숭의여자대학 유아교육과 전임강사

최은정

서울대학교 대학원 아동학 석사

하이닉스 어린이집 교사

서울대학교 생활과학대학 부속 어린이집 교사

서울대학교 대학원 아동학 박사

현 서울대학교 대학원 아동학과 연구조교

김현정

서울대학교 아동가족학과 학사

서울대학교 생활과학대학 부속 어린이집 교사

서울대학교 아동학과 석사

현 한국방송통신대학교 유아교육과 수업조교

유아 통합교육 프로그램 시리즈 ③

유아 혼합연령 프로그램

2011년 2월 10일 1판 1쇄 인쇄
2011년 2월 15일 1판 1쇄 발행

지은이 • 이순형 · 최인화 · 권미경 · 최은정 · 김현정
펴낸이 • 김진환
펴낸곳 • (주) 학지사
121-837 서울특별시 마포구 서교동 352-29 마인드월드빌딩 5층
대표전화 • 02)330-5114 팩스 • 02)324-2345
등록번호 • 제313-2006-000265호

홈페이지 • http://www.hakjisa.co.kr
커뮤니티 • http://cafe.naver.com/hakjisa

ISBN 978-89-6330-563-9 94370
978-89-6330-560-8 (set)

정가 17,000원

저자와의 협약으로 인지는 생략합니다.
파본은 구입처에서 교환해 드립니다.